Über den Autor:

Nach jahrzehntelangem Studium von unterschiedlichen spirituellen Lehren und ebenso langer Meditationsarbeit ist der Verfasser bis in die überpersönlichen und todlosen Bereiche des Bewusstseins vorgedrungen. Von diesen überpersönlichen Gefilden aus betrachtet und beschreibt er das Drama des Daseins und das des Lebens des Menschen im Besonderen.

Die Bücher des Autors gewähren eine unparteiliche und objektive Draufsicht auf die wesentlichen Dinge des Lebens. Sie propagieren die spirituelle Freiheit des Menschen und zeigen Wege auf, diese auch zu erlangen.

In
Würde
Wandeln und Sterben

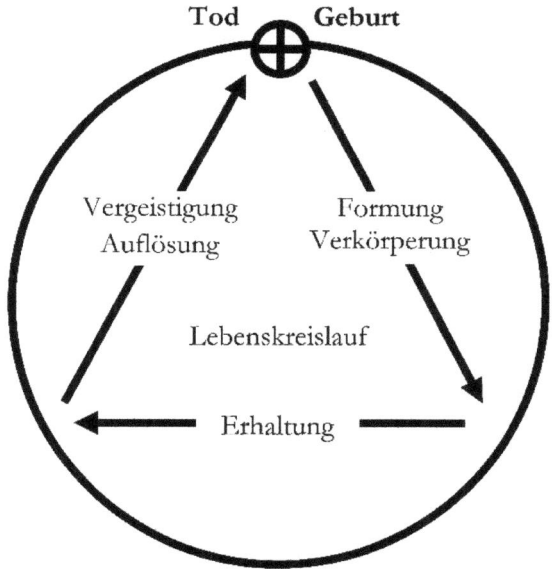

Eine spirituelle Psychologie des Wandelns und Sterbens

Veerendra H. Bühner

Impressum:

© 2023 Veerendra Herbert Bühner

Coverbild: Quelle: https://pixabay.com/de

ISBN: 978-3-7568-8320-2

Herstellung und Verlag: BoD - Books on Demand,
Norderstedt

Inhaltsverzeichnis

Einleitung 9

Eine Spirituelle Psychologie des Wandelns und
Sterbens 17

*Die Werteordnungen des natürlichen und des spirituellen
Menschen 19*

Der Mensch aus spiritueller Sicht 29

Ursprüngliches und geformtes Bewusstsein....................31

Der Lebenswille..37

Identifikation 39

Der Lebenskreislauf des Menschen................................43

Die Phasen des menschlichen Lebenskreislaufs............50

Die Phase der Formung und des Wachstums 52

Die Formierung der Persönlichkeit und die Folgen..........55

Die Phase der Erhaltung 63

Der Persönlichkeitskult 65

Die Phase der Degeneration und Auflösung...................73

Dissoziation und Sterben der Persönlichkeit...................77

Die inneren Erlebensräume des Menschen 96

Der Erlebensraum des Ichbewusstseins............................99

Der Erlebensraum des Halbbewusstseins und des Unterbewussten 104

Der Erlebensraum des Unbekannten und Unkennbaren oder des Überbewussten 112

Über die wahre Würde des Menschen 122

Das Wunder des Lebens 142

Lebensqualität aus spiritueller Sicht 153

Über die Aufrechterhaltung des menschlichen Leidens 161

Die Perspektiven 174

Spiritual Ethik und Praktisches zur Pflege und Betreuung sterbender Menschen 178

Eine spirituelle Sterbeethik und philosophische Grundlagen 179

Über die bedürfnisgerechte Ernährung alternder und sterbender Menschen 195

Die Endphase des Sterbens 199

Die Unvermeidbarkeit des Sterbens: 199

Der Beginn des Sterbens: 200

Der Todeskampf: 202

Das Aufhören des Todeskampfes: 204

Spezielle pflegerische Maßnahmen:..............................205

Anhang..**208**

**Methoden zur Sammlung des Bewusstseins im
Formlosen** **209**

Entspannte Körperhaltung 212

Meditation...213

Kontemplation..220

Vor dem Spiegel...226

Wer bin „Ich"? 230

Die Gegenwart des Todes...233

Selbstbeobachtung 238

Schweigen...242

Der Einstrom von Sinnesreizen 247

Die „Zügel" spannen..249

Der Kontakt zur Leere 255

Schusswort **259**

Literaturverzeichnis..**260**

Einleitung

„Alles, was geboren wird, wird sterben", sagt Tilopa, ein Vorvater des tibetischen Buddhismus.

Der Mensch altert und stirbt: Eine Tatsache, die wir allzu oft vergessen und die uns hin und wieder lediglich als flüchtiger Gedanke streift, was uns aber nicht sonderlich berührt. Wir leben weiter, als ob wir das ewige Leben besäßen. Aber dem ist nicht so. Eines Tages wird uns nämlich die Wirklichkeit einholen und uns mit der Tatsache unserer Vergänglichkeit konfrontieren. Wir müssen wieder zu dem werden, was wir waren, bevor wir geboren wurden. Wie werden wir mit dieser Tatsache umgehen, wenn sie uns trifft? Wird sie uns unvorbereitet treffen? Oder werden wir darauf vorbereitet sein? Werden wir würdelos oder in Würde altern und sterben? Solche Fragen und wie wir uns auf das unumgängliche Ende unserer Tage vorbereiten können, werden Gegenstand dieses Buches sein.

Um in Würde Altern und Sterben zu können, müssen wir zuerst verstehen und begreifen, dass dem Menschen, in spiritueller Hinsicht, wahre Menschenwürde nicht schon von vorneherein gegeben ist, sondern, dass er seine Würde im Laufe seines Lebens erst erwerben muss. Auch wenn diese Tatsache nicht der allgemeinen und sogar im Grundgesetz niedergeschriebenen, schon dogmatisierten Meinung entspricht, der Mensch besäße bereits von vorneherein eine „angeborene, unantastbare Menschenwürde".

Besäßen nämlich alle Menschen solch eine schon angeborene, unantastbare Würde, dann wäre das aktuelle Weltgeschehen sicherlich ein anderes. Wir sehen immer und immer wieder sich wiederholende, von den angeblichen „Trägern der unantastbaren Menschenwürde" begangene Gewaltakte, wir sehen Korruption, Terror, Kriege, Not, Elend, Flüchtlingsströme und Bestialitäten der schrecklichsten Art. Was das mit „unantastbarer Menschenwürde" zu tun haben soll, ist mehr als fraglich. Kurz: Besäße der Mensch bereits echte Menschenwürde, dann könnte er nicht so sein, wie er aktuell ist.

Ferner müssen wir uns unserer wirklichen Lage innerhalb von natürlichen, kosmischen Prozessen bewusst werden und bis zu den Wurzeln unserer oft selbst geschaffenen, subjektiven, illusionären Welt vordringen, um uns schließlich von allem Irrglauben, Aberglauben und allen anerzogenen Meinungen und Haltungen dem Leben, dem Altern und dem Sterben gegenüber zu befreien.

Wir müssen zu der Einsicht gelangen, dass wir nicht mehr und nicht weniger als Bedienstete und manchmal auch Opfer von natürlichen, kosmischen Prozessen, die wir „Leben" nennen, sind. Erst dann können wir uns auf den Weg begeben, der uns einer echten Menschenwürde, die über Leben und Tod erhaben ist, näherbringt. Und erst wenn wir solche echte Menschenwürde erlangt haben, können wir wirklich würdevoll altern und sterben.

Der Leser sei an dieser Stelle davor gewarnt, dass dieses Buch keine Unterhaltungslektüre im herkömmlichen Sinn ist, die ihn von der Wirklichkeit und den Tatsachen ablenken soll, um seine illusionäre Welt aufrechtzuerhalten. Es soll ihn vielmehr mit unumstößlichen Tatsachen konfrontieren und seine subjektive, illusionäre Welt, die er nicht selten für die einzige Realität hält, erschüttern, damit sein falsches Selbstbild einige Risse bekommt, durch die er seine Wirklichkeit erkennen und seinem wahren Sein oder auch seinem Nichtsein näherkommen kann. Denn erst dann, wenn die Mauern unseres subjektiven Gefängnisses, das wir oft „Persönlichkeit" nennen, zu bröckeln beginnen und wir durch die entstehenden Risse einen Blick über unsere subjektiven Grenzen hinaus ins Grenzenlose werfen können, können wir erkennen, dass wir Bedienstete unserer physiologischen Triebe der Art- und Selbsterhaltung sind, und, dass wir Gefangene unserer anerzogenen Meinungen, Haltungen, Denkweisen und emotionalen Gegebenheiten sind.

Dann werden wir auch erkennen können, dass unsere sogenannte „Selbstbestimmung" nicht mehr als eine Phrase ist, die wir zu unserer eigenen Selbstberuhigung und zur Aufrechterhaltung unserer illusionären Welt gebrauchen.

Des Weiteren soll uns die im Folgenden beschriebene Spirituelle Psychologie des Wandelns und Sterbens helfen, einen Blick hinter die Kulissen unserer gesellschaftlichen Sozialstrukturen und unserer Persönlichkeitskultur zu werfen, die uns eher daran hindern menschenwürdig zu altern und zu sterben, als dass sie dies fördern. Denn durch die gesellschaftlichen und familiären Sozialgefüge als auch durch seine Persönlichkeitskultur hat sich der Mensch so weit von seiner wirklichen Natur und seinem wahren Sein entfernt, dass er das Falsche und Unechte für das Wahre und Echte hält und das Wahre und Echte für das Falsche und Unechte.

In spiritueller Hinsicht werden wir nämlich alleine geboren, alleine altern und auch alleine sterben. Gesellschaftliche sowie familiäre Sozialgefüge und unsere Persönlichkeit sind lediglich vorübergehende Phänomene, die durch den Kontakt des Bewusstseins mit der Welt der Formen und Strukturen zustande kommen. Sobald sich das Bewusstsein beim Tod des physischen Körpers von seinen angenommenen Formen und Strukturen löst, werden diese Phänomene auch wieder verschwinden.

Durch die von den Trieben der Art- und Selbsterhaltung bestimmten und regulierten Sozialgefüge – seien sie gesellschaftlicher, familiärer oder auch egoistischer Natur – sowie durch seine Persönlichkeitskultur hat der Mensch eine falsche Haltung gegenüber seinem Altern und Sterben entwickelt und eingenommen. Altern und Sternen sind sozusagen zu seinen „Feinden" geworden, die er nun mit allen zur Verfügung stehenden Mitteln zu bekämpfen versucht.

Anti-Aging-, Fitness-, Leistungstrends und Schönheitsoperationen, aber auch übertriebene medizinische und pflegerische Versorgung alternder und sterbender

Menschen, usw., gehören zu solchen Versuchen, seine „Feinde", das Altern und Sterben, zu bekämpfen oder sie zumindest aus seinem Gesichtsfeld zu drängen.

Dabei hat er vergessen, dass diese seine „Feinde" untrennbare Bestandteile seines Daseins sind. Und wenn er diesen untrennbaren Bestandteilen seines Daseins in seinem Leben nicht den gebührenden Platz zukommen lässt und ihnen nicht die gebührende Achtung entgegenbringt, dann wird sein „Leben" zu etwas Unechtem und Imaginärem. Er beginnt dann mehr und mehr in Vorstellungen, statt in der Wirklichkeit zu leben. Er spaltet sich dadurch von der Wirklichkeit ab, was dann gegen Ende seines Lebensweges, wenn ihn die Wirklichkeit wieder einholt, oft zu verheerenden Folgen, wie Senilität, Starrsinn, Altersschwachsinn, notorische Unzufriedenheit, innere Zerrissenheit oder sogar zur Demenz führt. Wie anders könnte ein Mensch das Aufeinanderprallen seiner imaginären Welt mit der wirklichen Welt sonst ertragen und aushalten, als sich immer weiter und tiefer im Imaginären, im Absurden und im Wahnhaften zu verkriechen? Solche Kreaturen können nur durch ihren Tod wieder zur Wirklichkeit, zu ihrer wahren Natur finden. Und weil sie ihren Tod nicht wollen können, können sie auch nicht wirklich in Würde sterben. Auch wenn sie glauben, die Würde des Menschen sei „unantastbar". Denn seinen eigenen Tod wollen zu können, wenn die Zeit dafür gekommen ist, ist ein Bestandteil wirklicher Menschenwürde.

Wir werden in diesem Buch die Dinge vom spirituellen Standpunkt aus, das heißt, von einem leeren, unparteilichen Bewusstsein aus betrachten. *Unparteilich* bedeutet in diesem Zusammenhang, dass wir weder für das Leben, noch für den Tod Partei ergreifen werden. Wir werden anders wie unsere todesverneinende Gesellschaft und deren Vertreter – die ungeachtet der Tatsache, dass Leben ohne Sterben nicht möglich ist, immer Partei für das „Leben" ergreifen – das Dasein als eine Einheit betrachten, in der Leben und Tod das gleiche Gewicht und den gleichen Stellenwert haben.

Die Spirituelle Psychologie des Wandelns und Sterbens soll dem Leser eine Richtschnur sein, ein Wegweiser zu wirklicher Menschenwürde und wirklichem Sein. Dabei ist es vollkommen gleichgültig welcher Religion er angehört, ob er überhaupt einer Religion angehört, oder ob er gar keiner Religion angehört.
Im Grunde ist die Spirituelle Psychologie des Wandelns und Sterbens die Grundlage und das Wesentliche aller wirklichen Religion.

Wir müssen aber auch in Betracht ziehen, dass Religion, Theismus, Atheismus und Egoismus, oder jeder andere Ismus, verbunden mit blindem Glauben oder Unglauben, mit Dogmatismus oder sogar Fanatismus, den Blick ins Offene Weite verhindert und den Menschen in seiner illusionären, subjektiven Welt festhält.

Deshalb sollte der Leser dieses Buches immer wieder hinterfragen, ob und an was er festhält, ob seine Ansichten, Meinungen und Haltungen den Dingen, dem Leben und dem Tod gegenüber etwas Anerzogenes und unhinterfragt Angenommenes sind, oder ob sie durch eigene Erkenntnisse und eigenes Verstehen entstanden sind.

Jedenfalls sollte er über das Gelesene nachsinnen, darüber „brüten", es hinterfragen und manche Kapitel auch studieren, um einen bleibenden Nutzen für sich daraus ziehen zu können.

Vieles kann aber erst dann in seinem Gesamtzusammenhang verstanden werden, nachdem das Buch vollständig und eventuell auch mehrmals gelesen wurde.

Besonders durch mehrmaliges Lesen können sich immer wieder neue Perspektiven und andere Zusammenhänge auftun. Manchmal dauert es eben eine Weile bis es einem dämmert, was da eigentlich steht.

Das Folgende soll den Leser nicht nur auf seinen eigenen Tod vorbereiten, sondern es soll ihm auch die spirituell psychologischen und praktischen Mittel in die Hand geben, dem Altern und Sterben gegenüber eine wirklichkeitsnahe Haltung einzunehmen, um auch anderen Menschen in ihrem letzten Lebensabschnitt und ihren letzten Stunden beistehen zu können. Es richtet sich daher auch an diejenigen, die sterbende Menschen pflegerisch und medizinisch betreuen oder betreuen wollen.

Außerdem soll die Spirituelle Psychologie des Wandelns und Sterbens dem allgemeinen Trend unserer todesverneinenden Gesellschaft – dessen Auswüchse wir in der fortschreitenden Zunahme von Demenzerkrankungen sehen und der dazu geführt hat, dass immer mehr Menschen im Siechtum und geistiger Umnachtung einen menschenunwürdigen Tod sterben müssen – etwas entgegensetzen, durch das der Mensch wieder Zugang zu seiner wirklichen Menschenwürde finden und auch wieder einen menschenwürdigen Tod sterben kann.

Auch wenn in diesem Buch inhaltlich vieles aus anderen Büchern des Verfassers enthalten ist, so ist es doch in einen anderen Kontext gestellt, was die dargelegten Erkenntnisse noch besser verstehbar und nachvollziehbar machen kann.

Eine Spirituelle Psychologie des Wandelns und Sterbens

Wir nennen diese Psychologie eine *Spirituelle* Psychologie, weil sie sich in einigen wesentlichen Punkten von der Schulpsychologie und der Alltagspsychologie unterscheidet – obwohl sie vieles aus der Schulpsychologie enthält.

Während sich die Schul- und Alltagspsychologie mit den Verhaltens-, Anpassungs- und Erlebensmechanismen innerhalb der Psyche und innerhalb des Sozialgefüges eines Menschen befasst, ohne zu fragen, woher der Mensch kommt und wohin er geht, bezieht die Spirituelle Psychologie noch einige zusätzliche Dinge mit ein:

Sie betrachtet den Menschen als spirituelles Wesen, wodurch auch philosophisches und religiöses Gedankengut mit ins Spiel kommt.

Sie fragt, woher der Mensch kommt, wohin er geht und an welcher Stelle er sich innerhalb der Stufenleiter des sich entwickelnden Lebens auf unserm Planeten befindet. Sie fragt, was seine Funktion und Aufgabe an dieser Stelle ist.

Sie betrachtet Altern und Sterben nicht im herkömmlichen Sinn von „Altwerden" und „Vergehen", sondern im Sinne eines *Alternierens*, eines sich Wandelns und Verwandelns der Dinge – als einen endlosen, kosmischen Prozess, den wir Leben nennen.

Und nicht zuletzt: Sie betrachtet nicht die Psyche, das heißt die emotionalen und intellektuellen Gegebenheiten des Menschen als seine Seele, sondern das ursprüngliche, reine in ihm verkörperte Bewusstsein oder Gewahrsein.

Als Menschen sind wir dem Altern und Sterben, das heißt, dem Prozess des sich Wandelns und Verwandelns der Dinge unterworfen.

Um diesen Prozess in seiner Tiefe zu verstehen und um erkennen zu können, welche Bedeutung er für uns Menschen hat, müssen wir einige Dinge näher betrachten und definieren. Dazu gehören unter anderem:

Woraus besteht der Mensch? Was ist seine Funktion und Aufgabe im Gesamtprozess des Lebens? Welche Möglichkeiten hat er? Was ist ein natürlicher Lebenskreislauf? Was ist der Unterschied zwischen Wesen und Persönlichkeit? Was ist ursprüngliches, formloses Bewusstsein und was ist geformtes Bewusstsein? Was ist Identifikation? Was ist Identität? Was ist wirkliche Menschenwürde? Und so weiter.

Wir müssen diese Dinge hinterfragen und dürfen sie nicht etwa aus einem auswendig gelernten, anerzogenen, blindgläubigen „Wissen" und halbbewussten, vagen Vorstellungen beantworten.

Die Werteordnungen des natürlichen und des spirituellen Menschen

Weil der Mensch die Dinge wertet und bewertet, schafft er sich je nach seiner Verständnisfähigkeit und seiner Verständnistiefe bestimmte Werteordnungen existenzieller Dinge.

Wenn wir die Werteordnung des natürlichen Alltags- oder Massenmenschen betrachten und sie der Werteordnung des spirituellen Menschen gegenüberstellen, dann können wir feststellen, dass die niedrigsten Werte des natürlichen Menschen die höchsten Werte des spirituellen Menschen sind und umgekehrt.

So wird zum Beispiel für den natürlichen Menschen die Rangordnung seiner Werte von der Selbst- und Arterhaltung bestimmt, während die Werterangordnung des spirituellen Menschen vom Verlangen bestimmt wird, zu seinem Urgrund zurückzukehren.

Vom Standpunkt des spirituellen Menschen aus ist der natürliche Mensch mehr oder weniger ein „Tier" mit einer aufgesetzten, übergestülpten Kultur und Zivilisation. Vom Standpunkt des natürlichen Menschen aus ist der spirituelle Mensch mehr oder weniger ein „Spinner" oder „Fantast".

Wir können zwischen der Selbst- und Arterhaltung und dem Urgrund oder „Gott" eine grobschematische

Stufenleiter von Werten platzieren, die sich dann folgendermaßen darstellt:

1. Die Selbsterhaltung
2. Die Arterhaltung
3. Die Persönlichkeitskultur oder „Ich"-Kultur
4. Das Leben oder der Wandel
5. Die Würde
6. Reines, ungeformtes Bewusstsein
7. Der Urgrund

Die Selbsterhaltung, die Arterhaltung und die Persönlichkeits- oder „Ich"-Kultur bestimmen die Werteordnung des natürlichen Menschen.

Die Würde, reines, ungeformtes Bewusstsein und der Urgrund bestimmen die Werteordnung des spirituellen Menschen.

Das Leben, oder der Wandel ist als verbindender Faktor in der Mitte platziert. In ihm fließen die „unteren" und die „oberen" Werte zusammen und werden miteinander verbunden.

Diese Werteordnung stellt sozusagen eine Stufenleiter dar, auf der sich der Mensch während seines Lebens entwickeln kann und auf der er verschiedene Stufen des Verstehens und des Seins erlangen kann.

Auf den unteren Stufen spielt sich das ganz „normale Leben" des Menschen mit seinem sozialen, familiären und kulturellen Kontext ab. Es ist der Ort gesellschaftlicher

Normen und der Persönlichkeitskultur. Hier wird der Mensch von Geburt an, entsprechend seines sozialen, familiären sowie kulturellen Kontextes und seiner Neigungen, *geprägt*. Im Laufe seines Lebens nimmt er dann, ebenfalls entsprechend seines Kontextes und seiner Neigungen, den existenziellen Dingen des Daseins gegenüber, seinen ganz „*persönlichen*", *subjektiven* Standpunkt ein und kann die Dinge nur von diesem Standpunkt aus verstehen.

Weil auf dieser Stufe alles von der Grundströmung der Selbst- und Arterhaltung bestimmt wird, werden auch die „persönlichen" Standpunkte und Meinungen eines auf dieser Entwicklungsstufe lebenden Menschen gefärbt und bestimmt. Die Triebe der Selbst- und Arterhaltung bestimmen hier auch das Verständnis und die Rangordnung von Werten:

An erster Stelle steht hier die *Selbsterhaltung oder die Ernährung*, weil es ohne Ernährung weder eine Selbsterhaltung, noch eine Arterhaltung gibt.

An zweiter Stelle steht die *Arterhaltung, oder die Sexualität,* welche auf dieser Stufe, neben der Erzeugung von Nachkommen, vorwiegend auch dazu dient, den größtmöglichen, persönlichen Lustgewinn daraus zu ziehen.

An dritter Stelle steht die *Persönlichkeitskultur oder „Ich"- Kultur,* durch die sich der Mensch innerhalb seines Sozialgefüges seine sogenannte persönliche „Identität" schafft und annimmt – ein Konstrukt, das er „Ich" nennt, es mit allerlei Eitelkeiten ausschmückt und – wenn auch fälschlicherweise – als sein „wahres Sein" empfindet. Hier entsteht für den Menschen eine subjektive, illusorische Welt, eine Welt der Selbstverherrlichung, an die er glaubt und die er für „bare Münze" hält. Und innerhalb dieser Welt entstehen dann neue und ebenfalls illusorische „Werte" wie das Streben nach Anerkennung, Ruhm, Ehre, Macht und exzessivem Reichtum, usw.

An vierter Stelle kommt das *Leben, oder der Wandel*. Sie liegen schon außerhalb des Verstehens des auf den unteren Stufen lebenden Menschen, werden aber als ganz selbstverständlich erachtet. „Leben" wird hier nur insofern respektiert, als es persönlichen Zwecken dient. Ansonsten wird es mit Füßen getreten, missachtet, geopfert und zerstört. Denn der auf den unteren Stufen unserer Werteskala lebende Mensch kann die Einheit der Gegensätze, die das Leben in sich vereinigt, nicht erkennen oder verstehen. Er lebt in einer Welt der *getrennten* Gegensätze, in der er zum Beispiel Leben und Tod, Tag und Nacht, Mann und Frau, Liebe und Hass, Ich und Du, Oben und Unten, usw. als jeweils getrennte und oft sich gegenseitig als feindlich gegenüberstehende Einheiten wahrnimmt. Und weil er sich immer nur für einen Teil eines Gegensatzpaares entscheiden kann, wird der andere Teil zu etwas Feindlichem, das er zu bekämpfen beginnt. Auf diese Weise wird er parteilich oder teilhaft und, vom spirituellen Standpunkt aus gesehen, in einen nie enden wollenden Kampf, den er „Leben" nennt, verstrickt und so lebenslang, bis zu seinem Tod, keine Ruhe finden.

Nebenbei sei hier noch bemerkt, dass seine Teilhaftigkeit auch die Ursache dafür ist, Kriege größeren oder kleineren Ausmaßes zu führen und die schrecklichen Folgen dieses grausamen Geschehens hinzunehmen. Solange er teilhaft bleibt, bleibt er unerfüllt, und solange unerfüllt bleibt, wird sich seine Unerfülltheit auch gegen Seinesgleichen richten – in der Hoffnung sein Unerfüllt Sein würde durch deren Vernichtung ein Ende finden.

Erst wenn der natürliche Mensch seine Teilhaftigkeit und Parteilichkeit überwunden hat, wenn er die Gegensätze in sich selbst, das heißt, innerlich vereinigt hat und zu einem ganzen Menschen geworden ist, kann er diese oft mit Schrecken behaftete Entwicklungsstufe verlassen und zu einem spirituellen Menschen werden. Erst dann kann er wahre Menschenwürde, die jenseits oder über allen Gegensätzlichkeiten und allen Wandels liegt, erlangen.

An fünfter Stelle steht die *Würde*. Auf den unteren Entwicklungsstufen des Menschen ist „Würde" ein vages Wort am fernen Horizont und er träumt oder bildet sich ein, sie zu besitzen. Die „Würde des Menschen" wird hier als „unantastbar" bezeichnet, während ihre „Träger" unaufhörlich menschenunwürdige Handlungen begehen, Ihresgleichen missachten, betrügen, missbrauchen, quälen, foltern oder sogar ermorden und abschlachten.

Für den spirituellen Menschen hingegen ist Würde eine gelebte Tatsache.

An sechster Stelle steht das *reine, ungetrübte, formlose und ursprüngliche Bewusstsein*. Hier erreicht der Mensch seine wahre Freiheit oder die Freiheit von sich selbst.

Für den Menschen der unteren Entwicklungsstufen ist reines und ungetrübtes Bewusstsein etwas vollkommen Unbegreifliches. Für ihn dient „Bewusstsein" lediglich dazu, in seiner subjektiven Welt die persönlichen Eigeninteressen seines sogenannten „Ichs" durchzusetzen. „Bewusstsein", besteht für ihn lediglich aus „Schlussfolgerungen". Ansonsten ist es für ihn nichtexistent.

Reines, ungeformtes, ursprüngliches Bewusstsein oder spirituelle Freiheit ist untrennbar mit wahrer Menschenwürde verbunden: Ohne spirituelle Freiheit gibt es keine wirkliche Menschenwürde und ohne wirkliche Menschenwürde gibt es keine spirituelle Freiheit.

Und an oberster Stelle auf der Stufenleiter der Werteordnungen kommt der *Urgrund oder das Wahre Sein*.

Echte Menschenwürde und ursprüngliches Bewusstsein liegen sehr nahe am Urgrund und erlauben dem spirituellen Menschen sich dahin rückzuverbinden. Die Rückverbindung zum Urgrund ist das Wesentliche jeder wahren Religion.

Der allgemeine, teilhafte, in seiner subjektiven „Identität" und einer Welt der „Ich"-Haftigkeit befangene, natürliche Mensch der unteren Entwicklungsstufen interessiert sich kaum oder gar nicht für seinen Ursprung, seine Herkunft, seine wahre Natur oder für sein wahres Sein.

Das Interesse für seine Herkunft beschränkt sich allerhöchstens auf seine Ahnenreihe.

Religion und Spiritualität, welche eigentlich dafür gedacht waren, den Menschen zu seinem wahren Sein und seinen Urgrund zurückzuführen, werden zur Etikette, zur „Sonntagsreligion", zum blinden Glauben, starrsinnigen, fanatischen Dogmatismus und abergläubischer Wellnessesoterik degradiert.

Von den Trieben der Selbst- und Arterhaltung bestimmt, bleibt der natürliche, teilhafte Mensch in seiner Entwicklung auf der Stufe eines Tieres stehen, während er sich als „Krone der Schöpfung" wähnt.

Es ist das spirituelle Wesen eines Menschen, das ihn vom Tier unterscheidet.

Wenn er seine spirituelle Seite verkümmern lässt, bleibt er ein Tier, lebt wie ein Tier und stirbt wie ein Tier. Dabei ist es vollkommen gleichgültig, wie weit er seine Persönlichkeit kultiviert hat und welche Stellung er innerhalb seines Sozialgefüges einnimmt.

Der natürliche Mensch ist mehr nach außen, auf äußere Dinge gerichtet. Er selbst und sein sogenanntes „selbstbestimmtes Leben" wird von äußeren Umständen und inneren Trieben bestimmt und dirigiert. Sein Handeln wird von gelernter, anerzogener Moral oder Unmoral, von Angst, Eitelkeit, Stolz, Eifersucht, Neid, Ehrgeiz, Habsucht, Abneigung, Zuneigung und Gier usw., angetrieben.

Lob, Anerkennung, Ehre und Schmeicheleien erfüllen ihn mit Freuden und Glücksgefühlen, während ihn Gegenteiliges schmerzt, ihn kränkt, ihn erniedrigt, ihn resignieren lässt und mit Trauer oder Wut erfüllt. Ähnlich wie der Hund, der freudig mit dem Schwanz wedelt, wenn er von seinem Herrn belohnt und gelobt wird, oder, der seinen Schwanz einzieht und auf dem Boden kriecht, wenn er getadelt wird.

Der spirituelle Mensch hingegen ist mehr nach innen, auf sein inneres Wesen, auf die Tiefe des Seins gerichtet. Sein Handeln wird eher von Verständnis und Mitgefühl bestimmt als von äußeren Umständen.

Aus tiefem Mitgefühl und Verständnis für die schreckliche Lage des auf den unteren Entwicklungsstufen lebenden Menschen haben spirituelle Lehrer und große Religionsstifter über Jahrtausende immer wieder versucht, den Menschen der unteren Entwicklungsstufen spirituelles Wissen und Verstehen zu übermitteln. Weil es aber in der Natur der Sache liegt, dass immer nur einzelne, empfängliche Individuen diesen Weg beschreiten können, während die große Masse davon unberührt bleibt, wird der größte Teil dieses übermittelten, spirituellen Wissens und Verstehens auf den unteren Entwicklungsstufen immer wieder verwässert, zu blindem Glauben oder zu sentimentaler Wellnessesoterik umgebaut und degradiert.

Aus diesem auf den unteren Entwicklungsstufen verzerrten und oft teilhaften spirituellen Wissen entstehen dann verschiedene Glaubensgemeinschaften und religiöse

Gruppierungen, die, aufgrund einiger unwesentlichen Unterschiede in ihrem Glauben oder in ihren religiösen Schriften, früher oder später beginnen, sich gegenseitig zu bekämpfen. Im schlimmsten Fall wird ihr sogenanntes „religiöses Wissen" sogar so fehl- und umgedeutet, dass es als Rechtfertigung dient, ihre schlummernde Bestialität auszuleben und andersdenkende Wesen und Gemeinschaften zu vernichten.

Der natürliche auf den unteren Entwicklungsstufen teilhafte, in der Welt der getrennten Gegensätze lebende Mensch kann eben nicht anders, als immer nur einen Teil zu bejahen und den anderen Teil zu verneinen.

Das heißt, solange sich der Mensch nicht verändert und die unteren Entwicklungsstufen in Richtung wirklicher Spiritualität verlässt, wird sich an seiner Situation nichts ändern. Er wird weiter Kriege führen und sich selbst und andere in bitterste Not und bitterstes Elend stürzen.

Die unteren Entwicklungsstufen sind der Ort der „Ich"- und Persönlichkeitskultur, der vielfältigen, persönlichen Standpunkte und Meinungen, der Ort des Geborenwerdens, Erhaltens und Sterbens, der Ort der Freude und des Leidens, kurz, der Ort der getrennten Gegensätze.

Die oberen Entwicklungsstufen sind der Ort des Wesentlichen, der Ort des Seins und der Einheit, der Ort des Ursprungs, der Ort des Urgrundes. Hier gibt es keine gegensätzlichen Standpunkte oder persönliche Meinungen. Hier hat das Denken aufgehört, hier gibt es nur erfülltes

Sein, hier vereinigen sich Tag und Nacht, Freude und Leid, Geburt und Tod zu einer einzigen untrennbaren Einheit.

Der Mensch aus spiritueller Sicht

Der Mensch ist eine Maschine, ein Automat, der Stoffe aufnimmt und umwandelt, sagt Gurdjieff.[1]

Um die Maschine Mensch zu verstehen, müssen wir zuerst feststellen, aus was er besteht, aus welchen Bestandteilen er zusammengesetzt ist. Wir müssen ihn sozusagen in seine einzelnen Bestandteile zerlegen, um sie am Ende wieder zu einer Ganzheit zusammenzufügen.

Aus spiritueller Sicht zählen neben seinem physischen Körper mit seinen Organsystemen, seinem Gehirn und seinem Nervensystem auch noch seine Umgebung, seine emotionalen und intellektuellen Gegebenheiten sowie sein Bewusstsein zu seinem Bestand:

Der Mensch besteht aus einem physischen Körper mit ineinandergreifenden Organsystemen, der in eine Umgebung eingebettet ist. Seine Umgebung stellt sozusagen eine Erweiterung seines physischen Körpers dar. Dass er seinen physischen Körper als von seiner Umgebung abgetrennt erfährt, liegt wohl an seiner Wahrnehmung, die durch seine Sinne und sein begrenztes Bewusstsein beschränkt wird. In tiefer Meditation ist es nämlich durchaus möglich die gesamte physische Existenz als einen einzigen Körper zu erfahren, in welchen unser physischer

---

[1] Ouspensky, Peter D.: Auf der Suche nach dem Wunderbaren: Perspektiven der Welterfahrung und der Selbsterkenntnis.

Körper eingebettet ist, wie etwa eine einzelne Zelle in unseren eigenen Körper.

Genetische und typologische Dispositionen zählen in spiritueller Hinsicht ebenfalls zur Umgebung des Menschen, weil er als Bewusstsein in diese hineingeboren wird.

Die an seinen physischen Körper und an sein Nervensystem gekoppelten Sinne sind die Tore, durch die Reize und Eindrücke aus seiner Umgebung in ihn eintreten.

In seinem Nervensystem und in seinem Denken werden die eintretenden Reize und Sinneseindrücke verarbeitet, beurteilt und zuordnet.

Auf die eingetretenen Reize und Eindrücke lassen ihn dann seine Emotionen positiv oder negativ reagieren.

Des Weiteren besteht der Mensch aus einem Lebenswillen, der sich in den Trieben der Selbst- und Arterhaltung äußert.

Und nicht zuletzt besteht der Mensch auch aus Bewusstsein. Sein Bewusstsein stellt das Erlebende und Erleidende in ihm dar, oder seine „Seele". Wie wir später sehen werden, ist das Bewusstsein der wesentlichste und wichtigste Bestandteil eines Menschen. Denn mit dem Grad seines Bewusstseins steht oder fällt der Mensch.

Ursprüngliches und geformtes Bewusstsein

Die spirituelle Psychologie betrachtet Bewusstsein als ein allkosmisches Phänomen oder als eine aus dem Urgrund stammende, organisierende Substanz, die bei der Entstehung des Universums und der Verdichtung von Materie in die materiellen Strukturen miteingeschlossen wurde und jetzt zurück zu ihrem ursprünglichen, ungeformten Zustand, zurück zu ihrem Urgrund drängt. Das nun in materiellen Strukturen eingeschlossene, ursprünglich formlose Bewusstsein nennen wir „Information". Diese „Information" ermöglicht es, dass sich Materie organisieren kann. Und dass sie sich organisiert, ist offensichtlich; denn sonst würden wir nicht existieren. Wir sind nicht mehr und nicht weniger als „ORGANISIERTER KOSMISCHER STAUB", wie es uns namhafte Astrophysiker sagen.

Was mit *organisierender Kraft*, mit *Information*, oder mit *in materielle Strukturen eingeschlossenes Bewusstsein* gemeint ist, zeigt sich uns zum Beispiel darin, dass dem reflektierten Sonnenlicht in unserer Erdatmosphäre ein Auge mit einem hochkomplexen Verarbeitungsapparat entgegengesetzt wird, um visuelle Eindrücke zu verarbeiten; dass den atmosphärischen Schwingungen ein Trommelfell entgegengesetzt wird; dass den atmosphärischen Stoffen ein Atmungsorgan, das wir Lunge nennen, entgegengesetzt wird, um diese Stoffe aufzunehmen und sie in unseren Stoffwechsel einzuschleusen; dass den als Nahrung verwendbaren Stoffen ein Verdauungs- und Organsystem entgegengesetzt wird, um diese Stoffe umzuwandeln, sodass sie der Aufrechterhaltung unseres Organismus, der denkt, fühlt und handelt, dienen, usw., usw.

Wir können sehen, dass dieses in materiellen Strukturen gebundene und zu seinem Urgrund zurückstrebende Bewusstsein eine Stufenleiter von sich höher entwickelnden Organismen hervorbringt. Diese Stufenleiter des sich organisierenden Lebens reicht von organischen Stoffen über Einzeller, die Pflanzen und Tierwelt bis zu hochkomplexen mit emotionalen und intellektuellen Fähigkeiten ausgestatteten Organismen, die wir Menschen nennen.

Ebenso können wir sehen, dass in den höheren Organismen mehr intelligentes Handeln möglich ist als in den niedrigeren, dass sie dadurch anpassungsfähiger werden und kreativ auf neue Situationen reagieren können.

Und weil Kreativität einen gewissen Anteil an ungeformtem, freiem Bewusstsein voraussetzt, können wir daraus schließen, dass in den höheren Organismen auch mehr ungeformtes, ursprüngliches und freies Bewusstsein anwesend ist als in den niedrigeren. Aus diesem freien Anteil von ursprünglichem Bewusstsein im Menschen erklären sich dann auch seine intellektuellen Fähigkeiten.

Wir können in diesem Prozess der aufsteigenden Entwicklung von Organismen auch einen aufsteigenden

Prozess der Entwicklung des Bewusstseins erkennen. In diesem Prozess löst sich das Bewusstsein mehr und mehr aus seiner Form und Strukturgebundenheit, um zu seinem ursprünglichen, freien und formlosen Zustand zurückzukehren.

Wenn wir den Menschen am obersten Ende dieses Entwicklungsprozesses ansiedeln, dann können wir ihn auch als Übergang begreifen, durch den das an Formen und Strukturen gebundene Bewusstsein in seinen ursprünglichen, formlosen Zustand übergehen kann.

Oder anders ausgedrückt: Der Mensch ist als eine Art Stoffumwandlungsautomat zwischen Tierwelt und ursprünglichem Bewusstsein geschaltet. In ihm kann das ursprüngliche Bewusstsein sich seiner selbst bewusstwerden, wodurch der vom Urgrund abgespaltene Bewusstseinsteil seine wahre ursprüngliche Natur wiedererkennt und dorthin zurückkehren kann.

An seinem unteren Ende ist der Mensch ein Tier und an seinem oberen Ende ist er freies, ungebundenes, göttliches Bewusstsein. Dazwischen liegt seine menschliche Psyche.

Das bedeutet aber nicht, dass er im Laufe seines Lebens auch sein oberes Ende erreicht. Denn dass er es erreichen kann, ist, wie wir später noch sehen werden, an verschiedene Bedingungen geknüpft. Jedenfalls kann er trotz seines Potenzials, zum ursprünglichen Bewusstsein aufzusteigen, auch auf der Stufe eines Tieres hängen bleiben, wie ein Tier leben und auch wie ein Tier sterben. Will er hingegen sein oberes Ende erreichen, muss er innerlich als Form sterben und zum Ungeformten werden.

Wir finden im Menschen also zwei Arten von Bewusstsein, nämlich: *geformtes* Bewusstsein und *ungeformtes, ursprüngliches* Bewusstsein.

Geformtes Bewusstsein ist gebundenes Bewusstsein. Es ist im Körper, in Trieben, in Instinkten, in Wünschen, in Gedanken, in Emotionen und in den Strukturen der Persönlichkeit eingebunden oder darin verstrickt. Es hat dadurch Form angenommen und kann von dieser kaum mehr unterschieden werden. Wann immer wir „Ich" sagen, handelt es sich um *geformtes* Bewusstsein.

Ungeformtes Bewusstsein hingegen steht außerhalb jeder Form, obwohl es alle Form durchdringt. Es gleicht eher einem allgegenwärtigen Schwingungsfeld. Es kann von uns Menschen nur in tiefer Meditation, in tiefster Stille erfahren werden. Es ist nicht „Ich", es ist ewiges Sein. Es ist der göttliche Funke oder die Seele im Menschen. Weil es außerhalb jeder Form liegt, liegt es auch außerhalb der Zeit. Es ist das Dauerhafte, das Ewige im Menschen.

Der Mensch, der nur in Formen und Vorstellungen lebt, kann es nicht kennen und wird es, solange er es selbst nicht erfahren hat, auch bezweifeln – wie etwa diejenigen, die Bewusstsein lediglich als Epiphänomen des Körpers betrachten.

Wenn Bewusstsein oder Seele aber lediglich Epiphäno-
mene des Körpers und somit sterblich wären, dann wäre
mit dem Tod des Körpers auch alles tot und alles gelöst.
Warum aber leiden wir dann? Warum können wir dann
Freude empfinden? Warum schaffen wir dann Werte?
Warum gibt es dann überhaupt so etwas wie Leben, wenn
alles tot ist? Warum stellen wir dann überhaupt Fragen?
Warum taucht dann Bewusstsein immer wieder in neuen
Organismen auf, wenn sich das Ganze nicht auf einem
ewigen Hintergrund abspielt?

Ungeformtes, ursprüngliches Bewusstsein kann immer
nur vom einzelnen Menschen allein in seinem tiefsten Inneren erfahren werden. Es kann deshalb auch nicht be-
wiesen werden, wie etwa eine wissenschaftliche Erkenntnis in einem Labor. Wir können es nur in unserem eigenen inneren Labor, zu dem kein anderer Zutritt hat, erfahren.

Im Evangelium nach Thomas[2] finden wir hierzu eine in-
teressante Passage:
„Jesus spricht": „Ich werde euch das geben, was kein
Auge gesehen und was kein Ohr gehört hat und was keine
Hand berührt hat und was nicht in den menschlichen
Sinn gekommen ist." (Logion 17 p.36,5-9)
Wenn wir ungeformtes Bewusstsein erfahren wollen,
müssen wir es suchen. Und wenn wir es suchen, müssen

---

[2] Schröter, Jens/Bethge, Hans-Gebhard: Das Evangelium nach Thomas
(NHCII,2)

wir vorerst auf diejenigen vertrauen, die es erfahren haben und uns von dessen Existenz berichten. Sonst haben wir keine Chance, es jemals selbst zu erfahren.

Der Lebenswille

Der Lebenswille ist untrennbar mit dem in Formen und Strukturen gebundenen Bewusstsein verknüpft und kommt durch den Drang des Bewusstseins zustande, zu seinem ursprünglichen formlosen Zustand zurückzukehren.

Und weil das Bewusstsein auf dem Rückweg zu seinem ursprünglichen Zustand nur stufenweise voranschreitet – wie wir es in der stufenweisen Höherentwicklung des Lebens auf unserem Planeten sehen – muss es immer wieder von einer Form in eine andere überwechseln.

Das heißt seine äußeren Formen und Strukturen müssen einem Wandel unterworfen sein. Und das bedeutet wiederum, dass der Lebenswille gleichzeitig auch ein Todeswille sein muss. Denn ohne Altern, Sterben und Tod gibt es keinen Wandel, und ohne Wandel gibt es keine Höherentwicklung des Bewusstseins und damit auch kein Leben.

Der Lebenswille – der gleichzeitig auch den Todeswillen beinhaltet – oder der Drang des Bewusstseins, zu seinem ursprünglichen, formlosen Zustand zurückzukehren, liegt außerhalb des Eigenwillens eines Menschen und ist diesem übergeordnet.

Wohl mag der Mensch durch seinen Eigenwillen seine Lebenszeit um einige Jahre verlängern, aber den im Lebenswillen begründeten Wandel – das heißt dem Altern und Sterben – kann er dadurch nicht entgehen.

Schlimmstenfalls kann die absichtliche Verlängerung seiner Lebenszeit sogar dazu führen, dass er als zersplittertes Wesen einen Tod im Siechtum und geistiger Umnachtung stirbt, weil einige Teile von ihm schon gestorben sind, bevor sein physischer Tod eintritt.

Lebenswillen und Bewusstsein sind eine zusammenfunktionierende allkosmische Einheit: Der Lebenswille treibt die Dinge voran; Bewusstsein ist die organisierende Kraft, die alles Leben durchdringt, umgibt und zusammenhält.

Identifikation

Weil wir im Folgenden den Begriff „Identifikation" des Öfteren benutzen werden und um besser zu verstehen, was damit gemeint ist, soll er hier etwas näher erläutert werden:

Sobald das ursprüngliche, formlose Bewusstsein durch die Verdichtung von Stoffen in eine Form oder Struktur eintritt – ob es sich dabei um Galaxien, Sonnen, Planeten, Organismen, Emotionen, Gedanken, oder sonst etwas handelt, ist dabei vollkommen gleichgültig – verschmilzt es mit dieser Form oder Struktur und wird mit dieser identisch. Die entsprechende Form oder Struktur wird zu seiner Identität. Diese Form oder Struktur wird aber erst dann als Identität wahrgenommen, wenn sich das darin enthaltene Bewusstsein soweit von anderen Formen abgegrenzt hat, dass es seine Grenzen gegenüber anderen Formen und Strukturen wahrnimmt. Erst dann kann das mit einer Form verschmolzene Bewusstsein diese Form oder Struktur als seine „Identität" oder als sein „Ich" wahrnehmen.

Zum besseren Verständnis können wir hier ein altindisches Sprichwort zu Hilfe nehmen:

> „Gott schläft im Stein,
> atmet in der Pflanze,
> träumt im Tier und erwacht im Menschen."[3]

---

[3] Quelle: www.wolfram-martin-naturbuecher.de/der_publizist/worte/worte.htm

Das im *Stein* eingeschlossene Bewusstsein „schläft“:
Es weiß nicht, was es ist und es weiß nicht, dass es ist.

Das in der *Pflanze* eingeschlossene Bewusstsein „atmet“:
Es vegetiert, es bewegt sich etwas. Aber es weiß nichts
von sich und nichts von anderen. Es ist ununterschieden,
es kann sich nicht von anderen Dingen unterscheiden.

Das im *Tier* eingeschlossene Bewusstsein „träumt“:
Die Dinge geschehen. Eine Welt von Bildern und Empfindungen tut sich auf. Aber eine Instanz, die klar unterscheidet: „Das bin Ich“, „Das bist Du“, fehlt. Die Dinge
geschehen unbedacht und unreflektiert.

Das im *Menschen* eingeschlossene Bewusstsein „erwacht“:
Es wird sich seiner Form, und dass diese von anderen
Formen unterschieden ist, bewusst. Es empfindet: „Das
bin Ich“, „Das bist Du“, „Ich bin dies oder das“, „Du
bist dies oder das“. Es ist, wohlgemerkt, ein Zustand des
Erwachens aber noch lange nicht der Zustand des Erwacht Seins. Es ist die Welt der Identifikation, der Unter-
scheidung und Identifizierung. Es ist die Welt des natürlichen Menschen, ein Übergangssymptom des erwachen-
den Bewusstseins. Etwa so, als ob wir durch ein Geräusch aus dem Tiefschlaf aufgeschreckt werden, im
Halbschlaf aufstehen und durch unsere Wohnung tor-
keln, um nach der Ursache des Geräusches zu suchen.
Vollständig Erwacht Sein kann dieses Bewusstsein erst,
wenn es sich seiner wahren formlosen Natur bewusst

geworden ist und die Welt der Identifikation oder die Welt des natürlichen Menschen überwunden hat.

Für uns Menschen bedeutet Identifikation, dass unser Bewusstsein mit einem Organismus, einer im Leben eingenommenen Rolle, einer Idee, einer Vorstellung, einem Selbstbild, einer Emotion, einem Gefühl, einem Gedanken oder einer anderen Gegebenheit so stark verschmolzen ist, dass wir uns nicht mehr davon unterscheiden können oder uns als damit identisch wahrnehmen. Wir können dies daran erkennen, wenn wir etwas als „Ich", und im erweiterten Sinn auch als „Wir" bezeichnen.

Wir können nicht nur mit unserem Organismus und mit Inhalten unserer Psyche identifiziert sein, sondern auch mit Gegebenheiten unserer Umgebung wie zum Beispiel mit Besitztümern, Nationen, Religionen, Vereinen, politischen Parteien, Interessengemeinschaften, ja sogar mit Fußballmannschaften und anderen Gegebenheiten, die im Grunde überhaupt nichts mit uns selbst zu tun haben.

Vom spirituellen Standpunkt aus gesehen ist Identifikation eine Art Wahn, in dem wir zu wissen glauben, *wer* oder *was* wir sind.

Wir können ausnahmslos alle Gewaltakte, die der Mensch je begangen hat, begeht und noch begehen wird, als die Folge von Identifikation mit irgendwelchen Gegebenheiten, Vorstellungen, Ideen und Ideologien ansehen.

Weil Identifikation und die daraus entstehende Wahnhaftigkeit die Grundursache des von Menschen geschaffenen Unglücks ist und immer nur im Einzelnen Menschen stattfindet – obwohl sie durch den Zusammenschluss vieler Einzelner auch als Massenbewegung und Massenwahn in Erscheinung tritt – kann auch die Auflösung von Identifikationen nur im Einzelnen Menschen stattfinden, indem er den inneren Weg geht und einen Schwerpunkt, eine Art Gravitationsfeld im formlosen Bewusstsein schafft.

Der Lebenskreislauf des Menschen

Das Leben jedweder Form vollzieht sich in Kreisläufen. Die entsprechenden Lebensformen gehen aus einem Ursprung hervor, wachsen bis zur Reife, verweilen dann für eine gewisse Zeit im Gleichgewicht zwischen Wachstum und Degeneration, um schließlich wieder zu degenerieren und in ihre elementaren Bestandteile zu zerfallen.

Ein Lebenskreislauf besteht also immer aus einem Ursprung und aus drei Phasen:

Eine Phase der Formung und des Wachstums.

Eine Phase der Erhaltung und Festigung.

Eine Phase der Degeneration und Auflösung.

Um den Lebenskreislauf eines einzelnen Menschen und dessen Funktion auch in einem größeren Zusammenhang verstehen zu können, müssen wir hier, bevor wir zur Beschreibung der einzelnen Phasen eines Lebenskreislaufs kommen, noch etwas weiter ausholen:

Je nach zeitlicher und auch räumlicher Ausdehnung entstehen größere oder kleinere Lebenskreisläufe. Die größeren besitzen längere, die kleineren besitzen kürzere Lebenszeiten, wobei die kleineren Lebenskreisläufe in die größeren eingebettet sind, und in den kleineren wiederum noch kleinere.

So ist in den Lebenskreislauf unseres Planeten Erde das darauf entstandene gesamte organisierte Leben als kleinerer Lebenskreislauf eingebettet, und in das gesamte organisierte Leben auf diesem Planeten ist die Menschheit als wiederum kleinerer Lebenskreislauf eingebettet, in welchem der einzelne Mensch als noch kleinerer eingebettet ist, usw.

Ebenso sind die einzelnen Stufen einer aufsteigenden Stufenleiter von sich höher entwickelnden Stoffen und Organismen in den Lebenskreislauf unseres Planeten eingebettet.

Diese Stufenleiter stellt sich von unten nach oben, wenn auch grob vereinfacht, etwa folgendermaßen dar:

1. Gestein
2. Organische Stoffe
3. Die gesamte Pflanzenwelt
4. Die gesamte Tierwelt
5. Die gesamte Menschenwelt
6. Ursprüngliches Bewusstsein
7. Urgrund

Wir können das gesamte organisierte Leben auf unserem Planeten als einen riesigen Organismus begreifen, in welchem sich Substanzen höher und höher entwickeln oder transformiert werden, bis schließlich das zum Vorschein kommt, was wir ursprüngliches, formloses Bewusstsein nennen.

Oder anders formuliert: Das gesamte organisierte Leben auf unserem Planeten ist eine Stoffumwandlungsmaschine, die es ermöglicht, das tief in der Materie eingeschlossene Bewusstsein stufenweise aus seinen Bindungen zu befreien und zu seinem ursprünglichen, formlosen Zustand zurückzuführen, wodurch es sich wieder mit seinem Urgrund vereinen kann.

In diesem riesigen Organismus funktionieren die einzelnen Entwicklungsstufen als Organe, welche die Stoffe der darunterliegenden Stufen umwandeln, um sie der nächsthöheren Stufe zur weiteren Umwandlung zur Verfügung zu stellen. Das Ganze ist gewissermaßen mit unserem Verdauungssystem vergleichbar, in welchem die zugeführte Nahrung aufgespalten wird, um sie für die Weiterverarbeitung und Höhertransformierung in anderen Organen vorzubereiten.

Wenn wir nun die gesamte Menschheit als ein einzelnes Organ dieses riesigen Organismus sehen, dann stellt der einzelne Mensch eine einzelne Zelle oder einzelne Funktionseinheit dieses Organs dar, das zwischen Tierwelt und ursprünglichem, formlosem Bewusstsein geschaltet ist.

Damit der Mensch die Funktion dieses Organs als Brückenglied zwischen Tierwelt und formlosem Bewusstsein erfüllen kann, muss er sowohl die Natur eines Tieres als auch gewisse Mengen an formlosem Bewusstsein in sich tragen.

Im Grunde stellt der einzelne Mensch ein mikroskopisches Abbild der gesamten Stufenleiter vom Gestein bis zum Urgrund dar und wird deshalb auch als

Mikrokosmos bezeichnet. Er ist eine Miniaturausgabe der Stoffumwandlungsmaschine, die wir Leben nennen, oder ein Transformationsautomat.

Weil seine Aufgabe darin besteht, am oberen Ende der Entwicklungsleiter, geformtes Bewusstsein in ungeformtes überzuleiten, hat sich in ihm ein Zwischenglied zwischen geformtem und ungeformtem Bewusstsein gebildet, das wir Psyche nennen. Seine Psyche stellt seinen eigentlichen Erlebensraum dar. Die Psyche ist daher auch der eigentliche Lebensraum des Menschen.

Die Tatsache, dass er einen größeren Anteil an freiem Bewusstsein in sich trägt als ein Tier, erklärt die große Komplexität seiner Psyche, und auch sein Potenzial, durch bestimmte Anstrengungen, auf die wir später noch zurückkommen werden, im Laufe seines Lebens einen Schwerpunkt oder ein Gravitationsfeld im formlosen Bewusstsein schaffen zu können, wodurch er seine Aufgabe erfüllen und als wahrer Mensch seinen Lebenskreislauf vollenden kann.

Bleibt er aber, wie allzu oft, in seiner Entwicklung auf der Stufe eines Tieres stehen, kann sich ein solcher Schwer- und Sammelpunkt im formlosen Bewusstsein nicht bilden. Dann bleiben die in seiner Psyche gebundenen Bewusstseinsteile ungelöst, um sich dann immer wieder in neuen Lebenskreisläufen mit neuen Körpern und neuen Verstrickungen in der Welt der getrennten Gegensätze zu finden. Sein Lebenskreislauf wird dann bei seinem physischen Tod nicht *vollendet*, sondern immer nur *beendet*, um wieder von Neuem zu beginnen.

Damit ist nicht notwendigerweise eine *persönliche* Wiedergeburt gemeint, sondern lediglich eine Wiederholung gleicher psychischer Muster in neuen, aufeinanderfolgenden, menschlichen Lebenskreisläufen.

Indem er wie ein Tier lebt und stirbt, erfüllt ein Mensch zwar seine Funktion am oberen Ende des organisierten Lebens, aber nicht seine Aufgabe, die darin besteht, seine Psyche vollständig im formlosen Bewusstsein aufzulösen. Hier wird aber auch klar, dass nicht alle Menschen ihre Aufgabe am oberen Ende der Bewusstseinsentwicklung erfüllen können. Das heißt, dass es eine gewisse Anzahl von Menschen geben muss, die ihren Lebenskreislauf als *Unvollendete* beenden müssen. Denn sonst gäbe es oberhalb der Tierwelt bald keine Lebenskreisläufe mehr, welche die Lücke zwischen Tierwelt und formlosem Bewusstsein überbrücken. Dadurch würde der größere Lebenskreislauf des Bewusstseins unterbrochen.

Der große Lebenskreislauf des Bewusstseins würde aber auch unterbrochen, wenn es keine Menschen mehr gäbe, die als *Vollendete* sterben.

Wenn wir hier in Betracht ziehen, dass sich die Gesetzmäßigkeiten des Lebens sowohl in den großen als auch in den kleinen Lebenskreisläufen reproduzieren, wodurch kleinere Lebenskreisläufe Ähnlichkeiten mit übergeordneten, größeren Kreisläufen aufweisen, dann können wir den Lebenskreislauf der Menschheit insgesamt, mit dem Lebenskreislauf von Spermazellen vergleichen:

Bei einer Ejakulation werden bis zu einigen Hundertmillionen Spermazellen freigesetzt, aber nur eine Einzige davon kann ihre Bestimmung oder Aufgabe, eine Eizelle zu befruchten, erfüllen. Die übrigen gehen auf dem Weg zur Eizelle verloren, erfüllen aber trotzdem eine Funktion, weil ohne eine gewisse Mindestmenge die einzelne Zelle gar nicht an ihrem Bestimmungsort ankommen könnte. „… Denn viele sind berufen, aber wenige sind auserwählt." (Matthäus 22, 14)

Trotzdem dürfen wir die Hoffnung hegen, dass sowohl die innere als auch äußere Not des Menschen gemildert werden kann, wenn sich der Mensch seiner Funktion und seiner Bestimmung oder Aufgabe innerhalb größerer Lebenskreisläufe bewusstwird und er erkennt, dass er nicht mehr und nicht weniger als ein Bediensteter der Natur ist.

Jedenfalls können wir aus dem aktuellen Weltgeschehen, das von Machtmissbrauch, Terror, Folter, Krieg und Flüchtlingsströmen geprägt ist, schließen, dass noch viel zu wenige Menschen zu dieser Erkenntnis gelangt sind, und, dass viel zu wenige Menschen ihren Lebenskreislauf durch die Erfüllung ihrer Bestimmung als Mensch vollenden.

Weil immer weniger Menschen wirklich Menschen sind, um ihre Funktion und ihre Bestimmung zu erfüllen, können wir auch die spekulative Schlussfolgerung ziehen, dass am oberen Ende des Bewusstseinskreislaufs eine Lücke entstanden ist und dass es unterhalb dieser Lücke zu einem Rückstau der aufstrebenden Kraft oder des aufstrebenden Bewusstseins gekommen ist, sodass die Natur nun versucht den Mangel mit einer Bevölkerungsexplosion auszugleichen – ähnlich wie wenn sich unsere Schilddrüse vergrößert, weil durch einen Jodmangel nicht genügend Schilddrüsenhormone erzeugt werden können. Weil aber die Masse nicht die Qualität aufwiegen kann, entsteht dadurch, sowohl für den Menschen selbst als auch für den gesamten Planeten, immer mehr unsägliches Leid.

Es ist zu einer Art Organversagen des Organs Mensch gekommen, das den gesamten Lebensorganismus unseres Planeten in Mitleidenschaft zieht. Und erst wenn das Organ Mensch wieder geheilt wird, indem sich eine gewisse Anzahl einzelner Zellen wieder ihrer Funktion und Bestimmung besinnen, kann das Leid des gesamten Planeten wieder reduziert werden.

Die Phasen des menschlichen Lebenskreislaufs

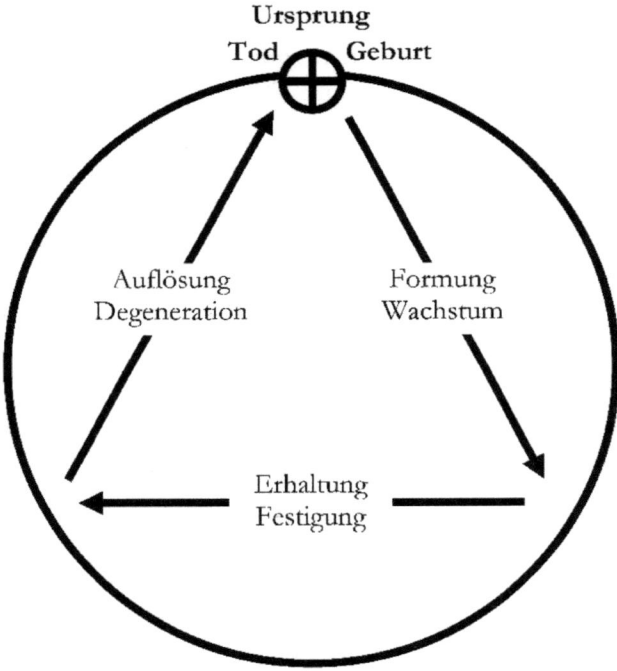

Abb. 1
Der Lebenskreislauf des Menschen

Kurzbeschreibung von Abbildung 1:

Das innere Dreieck stellt die drei Hauptphasen des Lebenskreislaufs eines Menschen dar. Der äußere Kreis bezeichnet die lineare Zeit[4] eines Menschenlebens von der Geburt bis zum Tod. Der kleine Kreis mit dem Kreuz in der Mitte bezeichnet den Ursprung, den Ort an dem sich die Ewigkeit oder das Zeitlose mit der linearen Zeit kreuzt, den Ort an dem sich Geburt und Tod vereinen. Es ist der Ort des ursprünglichen Bewusstseins. Weil das ursprüngliche Bewusstsein formlos ist und somit weder eine räumliche noch eine zeitliche Ausdehnung besitzt, können wir davon ausgehen, dass es jenseits von Raum und Zeit liegt und daher etwas Ewiges, Allgegenwärtiges ist.

---

[4] Zum Thema Zeit siehe auch: Ouspensky, Peter D.: Tertium organum: der dritte Kanon des Denkens: ein Schlüssel zu den Rätseln der Welt.: O. W. Barth [im] Scherz-Verlag, 1988. Und: Nicoll, Maurice: Living Time: Eureka, 2000. Oder auch ein weiteres Buch des Verfassers: Erwachen zum wirklichen Sein – Die Kosmopsychologie des Bewusstseins.

Die Phase der Formung und des Wachstums

In dieser ersten Phase eines menschlichen Lebenskreislaufes stehen die Bildung und das Wachstum eines Körpers sowie die Formierung des Bewusstseins im Vordergrund. Beide Prozesse sind miteinander verflochten und machen in ihrer Gesamtheit das aus, was wir Verkörperung nennen.

Während dieser Verkörperung bekleidet sich oder umgibt sich das noch ungeformte, ursprüngliche Bewusstsein mit einem Körper, psychischen Funktionen und einer Persönlichkeit. Während dieses Prozesses verschmilzt das Bewusstsein nach und nach immer mehr mit dem Körper, den psychischen Funktionen und der sich bildenden Persönlichkeit, dass es sich selbst kaum noch davon unterschieden kann. Dadurch ist es zu einer Organischen Funktionseinheit geworden, die wir „Mensch" nennen und die es selbst als „Ich" oder als „Identität" bezeichnet.

Der Lebenskreislauf eines Menschen ist im Grunde ein mikroskopisches Abbild der Entstehung und der Wiederauflösung des Universums: Eine ungeformte Ursubstanz verdichtet sich, nimmt Form an, bleibt für eine gewisse Zeit erhalten, altert und degeneriert, um sich am Ende wieder aufzulösen.

Weil der ursprüngliche, ungeformte Zustand der Ursubstanz oder des ursprünglichen Bewusstseins dem

Zustand des All-Eins-Seins entspricht und es durch die Formierung der Ursubstanz zu einzelnen begrenzten Verdichtungen kommt, entsteht neben einer Aufspaltung dieses All-Eins-Seins auch noch die Sterblichkeit der einzelnen Verdichtungen. Das bedeutet: Sie entstehen, altern und vergehen. Sie sind, wie alles Leben, dem Wandel unterworfen, der gezwungenermaßen auch Leiden mit sich bringt. Vom spirituellen Standpunkt aus gesehen ist die Verkörperung daher eine Abwärtsentwicklung des ursprünglichen Bewusstseins, weil der sich verkörpernde Bewusstseinsteil eine begrenzte Form annimmt und von seinem Urgrund, von seinem ursprünglichen, All-Eins-Seienden Zustand abgespalten wird.

Das heißt: Während der physische Organismus und die sich bildende Persönlichkeit eines Menschen eine *Aufwärtsentwicklung* durchlaufen, durchläuft das ursprüngliche Bewusstsein während der Verkörperung eine *Abwärtsentwicklung,* wodurch es sich von seinem ursprünglichen, unsterblichen Zustand der Einheit entfernt.

Diese erste Phase der Formung und des Wachstums innerhalb eines menschlichen Lebenskreislaufes beginnt mit der Verschmelzung von Samen und Eizelle und endet mit einem ausgewachsenen menschlichen Körper sowie einer fertig ausgebildeten Persönlichkeit. Am Anfang dieses Prozesses ist das sich verkörpernde Bewusstsein noch relativ frei und ungeformt, während es sich am Ende in einem Organismus sowie in einer oft sonderbaren Psyche und in den Strukturen einer Persönlichkeit verfestigt hat.

Diese Verfestigung führt oft zu unliebsamen Folgen, wie wir es im folgenden Kapitel sehen werden.

Die Formierung der Persönlichkeit und die Folgen

Bei seiner Geburt ist der Mensch, abgesehen von seinen angeborenen Wesenszügen und Neigungen, ein unbeschriebenes Blatt mit noch leeren und ungeformten Zentren des Fühlens und Denkens. Das Bewusstsein befindet sich noch in einem Zustand des Ausgeliefertseins. Es kann das Geschehen weder beurteilen, noch kann es eine Wahl treffen. Die Dinge geschehen einfach und es ist dem Wohl oder Wehe seiner Umgebung ausgeliefert.

Es kommt zu einer automatischen Interaktion zwischen den Umgebungseinflüssen auf der einen Seite sowie den angeborenen Neigungen und Wesenszügen auf der anderen Seite. Dadurch werden die noch leeren Zentren des Denkens und Fühlens angefüllt und *geprägt*.

Die Prägungen des Denkens und Fühlens geschehen anfänglich vollkommen mechanisch und ohne unser Zutun. Durch die oftmalige Wiederholung von ähnlichen Umgebungseinflüssen entstehen besonders tiefe Prägungen, die später unser Denken, unser Fühlen, unser Erleben, unsere Reaktionen auf bestimmte Dinge, unsere Haltungen, unsere Meinungen und unser Rollenverhalten bestimmen werden.

Diese Prägungen bilden sozusagen das Rüstzeug, mit dem wir den Geschehnissen unseres weiteren Lebens begegnen und uns ihnen anpassen werden. In ihrer

Gesamtheit bilden diese Prägungen das, was wir die Persönlichkeit eines Menschen nennen.

Und da jedes einzelne Prägungsmuster, jede Reaktionsweise oder eingenommene Rolle ursprünglich ungeformtes Bewusstsein in sich bindet und ihm eine Form gibt, beginnt dieses eingebundene Bewusstsein nun, sich mit den entsprechenden Prägungsmustern, Haltungen und Reaktionsweisen der Persönlichkeit zu identifizieren.

Weil das Bewusstsein durch diese Identifikationen von seiner wahren, ursprünglichen, formlosen und göttlichen Natur abfällt, wird dieser Vorgang in spirituellen Lehren als „Verstrickung" oder auch als „Sündenfall" bezeichnet. In dieser Hinsicht ist das gesamte Leben, ja die gesamte Existenz ein „Sündenfall".

Ist erst mal die Identifikation mit einer Prägung, einer Haltung oder einer eingenommenen Rolle vollzogen, bezeichnet der Mensch diese als sein „Ich". Er beginnt nun zu wähnen, *wer* oder *was* er ist: „Ich bin Frau / Herr soundso", „gut", „schlecht", „schön", „hässlich", „Ich bin dieses oder jenes", usw.

Auf diese Weise entsteht ein Wahn vom „Ich", der den Menschen oft bis ans Ende seiner Tage gefangen hält.

In seinem Prägungsreservoir, das er auch als seine Persönlichkeit bezeichnet, stehen ihm für unterschiedliche Ereignisse und Umgebungseinflüsse auch unterschiedliche und oft auch widersprüchliche Reaktionsweisen,

Denkweisen, Haltungen und Rollen zur Verfügung. Durch bestimmte Ereignisse und Anlässe werden dann auch nur die entsprechenden Prägungen aktiviert und treten in den Vordergrund, während andere Prägungen wieder passiv werden und in den Hintergrund treten.

Die jeweils im Vordergrund stehende, Haltung, Reaktions- oder Denkweise nennt er „Ich". Die passiv gewordenen und in den Hintergrund getretenen Prägungen verliert er aus seinem Gesichtsfeld.

So kann ein Mensch im Laufe eines Tages oder sogar im Laufe einiger Minuten mehrmals seine Rollen und Haltungen wechseln, ohne dass er dies bemerkt. Vielleicht bezeichnet er diesen Wechsel als Änderung seiner „Stimmung" oder seines „Gemütszustandes" usw. Aber dass sein sogenanntes „Ich" sich gewandelt hat, das bemerkt er nicht, und er glaubt weiterhin, sein „Ich" sei eine beständige Einheit.[5] Das einzige was in ihm beständig sein könnte, wäre ursprüngliches, ungeformtes Bewusstsein, was er aber nur erlangen kann, wenn er sich von seinen Prägungen löst. Und dazu bedarf es der tieferen Einsicht, dass der Mensch Sklave seiner vom Leben angelegten Prägungen ist. Eine Einsicht, die er aber erst nach Abschluss seiner Formungs- und Wachstumsphase erlangen kann und er sich während der Erhaltungsphase seines

---

[5] Siehe auch: Ouspensky, Peter D.: Psychologie der möglichen Evolution des Menschen.

Lebenskreislaufs auf die Phase der Degeneration und der Auflösung vorbereitet.

Allein die Einsicht, dass wir Sklaven unserer vom Leben angelegten Prägungen sind, kann uns ein Stück freier machen.

Aber wie sollen wir zu solch einer Einsicht gelangen, wenn wir so tief in unseren Prägungen und angenommenen „Identitäten" verstrickt sind, dass wir dem ursprünglichen Bewusstsein gegenüber blind geworden sind?

Wir müssen es zuerst von Jemandem gesagt bekommen, sonst würden wir niemals auf die Idee kommen, dass wir Bedienstete der Natur und Sklaven unserer Prägungen sind.

Dann müssen wir lernen uns selbst zu beobachten, ohne das Beobachtete zu be- oder verurteilen.

Wenn wir dies erreichen, wird unser Schwerpunkt wenn auch vorübergehend aus den in der Persönlichkeit liegenden Prägungen herausgezogen und in das leere, formlose Bewusstsein verlagert, wodurch die Identifikation mit einer gegebenen Prägung vorübergehend gebrochen wird.

Solange wir diesen Zustand der Nicht-Identifikation aufrechterhalten können, solange sind wir *frei*. Wir können dann entscheiden, ob wir einem bestimmten Denkmuster, einer Prägung oder einer Emotion folgen wollen oder nicht.

Anderenfalls bleiben wir Sklaven physiologischer und psychologischer Mechanismen. Wir bleiben biologische Automaten.

In spiritueller Hinsicht bedeutet Freiheit nämlich nicht, nach Lust und Laune tun und lassen zu können, was wir wollen, sondern, dass das Bewusstsein frei von Identifikationen mit jedweder Form, Prägung oder Rolle ist.

Ein dauerhafter Zustand der Freiheit des Bewusstseins von Identifikationen ist für einen Menschen nur dann möglich, wenn er sich sehr lange oder gar ein Leben lang in der Kunst der urteilsfreien Selbstbeobachtung, der Achtsamkeit und der Meditation geübt hat.

Zu diesem Zweck muss sich der Mensch seinem innersten Sein zuwenden, weg von der Persönlichkeit und hin zum leeren, ungeformten Bewusstsein, wo er seine wahre innere Freiheit finden kann.

Während der Formierung und Prägung unserer Persönlichkeit als Anpassungsapparat für unsere soziale Umgebung kristallisieren sich, je nach sozialem Umfeld und angeborenen Neigungen, unsere sogenannten Hauptrollen heraus, die wir im Sozialgefüge, in das wir hineingeboren wurden, einnehmen – oder besser gesagt, von denen wir eingenommen werden.

Je nach aktuellem Umfeld treten dann unterschiedliche Hauptrollen auf den Plan, die unser Denken, Fühlen und Handeln bestimmen – obwohl wir glauben, wir würden selbstbestimmt denken, fühlen und handeln.

Beispielsweise werden wir von einer jeweils anderen Rolle eingenommen, wenn wir unseren Eltern gegenüberstehen, wenn wir uns unter Freunden befinden, wenn wir einem Vorgesetzten gegenüberstehen, wenn wir selbst als Vorgesetzter auftreten, wenn wir uns in unserem familiären Umfeld befinden, usw., usw.

Die Illusion eines „selbstbestimmten" Handelns kommt dabei dadurch zustande, dass wir mit der gerade aktiven Rolle *identifiziert* sind und deshalb die Handlungsweise dieser Rolle als unser „Ich" empfinden.

Neben der Illusion des „selbstbestimmten" Handelns sind unsere Hauptrollen oft auch noch mit egomanischen Eigenschaften wie Eitelkeit, Stolz, überhöhte Selbstwertschätzung usw. behaftet, was die Identifikation mit diesen Rollen noch mehr bestärkt. Das so in einer Rolle befangene und gefangene Bewusstsein sitzt nun in einem ausgeschmückten, goldenen Käfig, den es „Ich" nennt – mit der Folge, dass es durch diesen Käfig die Wirklichkeit nur noch verzerrt und entstellt wahrnimmt.

Vom spirituellen Standpunkt aus gesehen entspricht dies einem Zustand der Verblendung, der den Menschen daran hindert, seine wirkliche Situation und unter anderem auch seine Sterblichkeit zu erkennen. Eingelullt in schönen Illusionen, Hoffnungen, Träumen und Wunscherfüllungen, dient er den natürlichen Gegebenheiten der Selbst- und Arterhaltung, während er sich selbst als „Herrn der Schöpfung" sieht.

Er sieht zwar, dass andere Menschen sterben, aber die Unumgänglichkeit seines eigenen Todes erscheint ihm, wenn überhaupt, allerhöchstens als vager, flüchtiger

Gedanke am äußersten Rand seines Verstandes, was ihn auch nicht sonderlich stört oder berührt. Er lebt dann wie gewohnt mit einem eingeschränkten Gesichtsfeld und in einer Art Dämmerzustand sein Leben weiter, als besäße er das ewige Leben.

Um dieser Verblendung zu entfliehen, raten uns echte spirituelle Lehren, uns immer wieder unserer Sterblichkeit und unseres bevorstehenden Todes zu erinnern.

Die Persönlichkeit ist ein komplexes Gebilde, das zusammen mit dem physischen Körper und den eingeschlossenen Bewusstseinsanteilen eine relativ autonome Funktionseinheit bildet. Eine Funktionseinheit, die aufgrund der in ihr vorhandenen Bewusstseinsanteile Pläne schmieden und intelligente Handlungen ausführen kann.

Die Persönlichkeit ist sowohl Mittel des Ausdrucks unserer Gedanken, Emotionen und körperlichen Aktivitäten als auch ein Anpassungsmechanismus an unsere Umgebung, um unser Überleben zu sichern. Für sich genommen ist die Persönlichkeit ein nützliches und praktisches Werkzeug. Doch dadurch, dass wir mit diesem an sich notwendigen Werkzeug identifiziert sind, entstehen die unliebsamen Folgen von egomanischen Einbildungen, die schließlich in einer vom wirklichen Leben weit entfernten Scheinidentität münden, von welcher wir uns im Laufe unseres Lebens auch wieder trennen müssen, wenn wir zu dem werden wollen, was wir wirklich sind. Das heißt auch, dass wir spätestens gegen Ende der nächsten

Lebensphase aus unserem schönen Traum vom „Ich" erwachen müssen, bevor es zu spät ist und wir nicht mehr genügend Kraft haben, um uns von unserer Scheinidentität trennen zu können. Denn können wir das nicht, ist die Wahrscheinlichkeit groß, dass unser Leben in innerer Zerrissenheit und in einem Horrorszenario enden wird.

Die Phase der Erhaltung

Nachdem das Wachstum des physischen Körpers abgeschlossen ist und die Persönlichkeit mit ihren erworbenen Fähigkeiten, Rollen und Prägungen mehr oder weniger gefestigt ist, tritt der Mensch mit dem festen Glauben, zu wissen, *wer* oder *was* er ist, in die zweite Phase, die Phase der Erhaltung über.

Die Phase der Erhaltung schließt sowohl die Selbsterhaltung als auch die Arterhaltung mit ein.

In dieser Phase beginnt der Mensch mithilfe seiner erworbenen Fähigkeiten, seinen Lebensunterhalt zu sichern und in einem sozialen Umfeld Fuß zu fassen. Sobald sich entsprechende Strukturen gefestigt haben und er sich keine größeren Sorgen mehr um seinen Unterhalt oder den seiner Nachkommen zu machen braucht, gewinnt er wieder ein gewisses Maß an Freiraum, den er für verschiedene Zwecke nutzen kann. Meistens aber benutzt er diesen Freiraum dazu, seine Persönlichkeit und seine Scheinidentität, für was auch immer, weiter zu kultivieren, anstatt sich Gedanken über den Sinn und Zweck seines Daseins oder gar über sein bevorstehendes Ende zu machen.

Eigentlich sollte diese Phase neben der Art- und Selbsterhaltung idealerweise auch dazu dienen, uns innerlich wieder mit unserem Urgrund oder unserem wahren Sein zu verbinden. Weil aber ein Großteil der in einer Persönlichkeitskultur aufgewachsenen Menschen glaubt, sie hätten ihr wahres Sein bereits in ihrer Scheinidentität, die sie für ihre wahre „Identität" halten, gefunden, versuchen sie nun diese „Identität" oder ihre Scheinidentität zu nähren, zu hegen, zu pflegen und aufrechtzuerhalten, wodurch eine Hauptströmung gesellschaftlichen Lebens, nämlich der Persönlichkeitskult entsteht.

Der Persönlichkeitskult

Der Persönlichkeitskult als Hauptströmung gesellschaftlichen Lebens hat sich zu einem kollektiven Geschehen entwickelt, das von seinen Anhängern weder hinterfragt, noch angezweifelt wird. Es ist das selbstverständlichste aller Selbstverständlichkeiten, dem sich ein Mensch kaum entziehen kann. Es sei denn, er erkennt diese Strömung als einen Massenwahn und lernt, sich innerlich davon zu distanzieren. Der Persönlichkeitskult ist ein System, das seinen Anhängern trügerische Werte vermittelt, um sie bei Laune zu halten. Denn es nährt sich von den Scheinidentitäten seiner Anhänger und es ernährt deren Scheinidentitäten. Es ist ein System gegenseitiger Abhängigkeit, ein Dämon, der seine Kinder frisst. Zu den vermittelten Werten gehören anerzogene moralische Instanzen und Dinge, die unserem falschen Selbstbild schmeicheln. Lob, Anerkennung, Respektabilität, Erfolg, Ehre, Ruhm, Besitz und Macht gehören zu den „erstrebenswerten" Zielen dieser Kultur, während die anerzogenen Moralinstanzen dafür sorgen sollen, ein möglichst reibungsloses Leben in einem sozialen Umfeld zu gewährleisten.

In diesem System eingebettet und von anderen Scheinidentitäten umgeben, erfahren wir hier jegliche Unterstützung, unser, wenn auch falsches, geliebtes, fürsorglich gehegtes und gepflegtes Selbstbild nach dem Prinzip, „Eine Hand wäscht die andere" aufrechtzuerhalten. Dennoch auftretende „Unpässlichkeiten", die vorwiegend aus unserer tierischen Natur stammen und die uns eigentlich daran erinnern sollten, dass da irgendetwas nicht stimmen kann, lernen wir für uns selbst zu rechtfertigen, auszublenden oder anderen dafür die Schuld zuzuweisen.

So entstehen ein Kult, ein soziales Wertesystem und Netzwerk, welche den Menschen von seinem wirklichen Wesen oder seinem wahren Sein, das in seinem ungeformten Bewusstsein liegt, trennen und den Schwerpunkt seines Daseins in die Persönlichkeit verlegen.

Der in die Persönlichkeit verlagerte Schwerpunkt wird nun zu einer Art Gravitationsfeld, das dem Bewusstsein und dem Lebenswillen die Kraft entzieht, um sie für persönliche Interessen nutzbar zu machen. Es rücken Eigeninteressen, Stolz, Eitelkeit, Eifersucht, Neid, Habgier und der Wunsch nach Anerkennung, Ruhm und Ehre usw. in den Vordergrund.

Solche Eigenschaften werden als „normal" bezeichnet und allgemein anerkannt, obwohl sie eher zur Tierwelt als zum wirklichen Menschen gehören. Das Wissen um die eigene Sterblichkeit wird vollständig ausgeblendet oder erreicht, wie bereits erwähnt, lediglich als kurzfristiger, flüchtiger Gedanke die äußersten Schichten des Denkens, ohne den Menschen in seinem innersten Wesen zu berühren.

Religion, im Sinne einer Rückverbindung zum eigenen Urgrund und wahren Wesen, wird dann entweder zur Sonntagsreligion, zum Aushängeschild für persönliche Interessen oder ganz und gar als „Mumpitz" abgetan.

Auf diese Weise ist aus dem Persönlichkeitskult eine

künstliche Glitzer- und Glamourwelt, wo die Etikette mehr zählt als der Inhalt, mit ihren vorübergehenden Erfolgserlebnissen, Sentimentalitäten, Freuden, Glücksgefühlen, Enttäuschungen und oft irrationalen Sorgen und Nöten hervorgegangen, welche die einzige und alleinige „Realität" darstellt.

In dieser „Realität" werden die in der Persönlichkeit verankerten Bewusstseinsteile eines Menschen vollständig von deren Ursprung abgetrennt, und es entsteht eine sich selbst verherrlichende Person, die von der eigenen Natur und von ihrem Urgrund abgespalten ist.

Das gesamte Leben eines Menschen dreht sich dann oft darum, diese Scheinrealität und seine Scheinidentität aufrechtzuerhalten, wodurch sich sein ursprüngliches Wesen, sein Bewusstsein, sein Lebenswille und seine Lebensenergie in einer Welt der Täuschungen und Enttäuschungen mit immer wieder neu aufflackernden Hoffnungen auf ein besseres „Morgen" verbrauchen. Aber dieses „Morgen" wird nicht anders als das „Heute" sein. Es wird voll von neuen Täuschungen und Enttäuschungen sein – bis die Lebensenergie vollständig aufgebraucht ist, versiegt, und der Mensch stirbt.

Weil aber auch das Sterben eine Bedrohung für seine Scheinidentität darstellt, versucht er dieses solange wie nur möglich und mit allen zur Verfügung stehenden Mitteln zu umgehen oder hinauszuzögern.

So wird die Persönlichkeitskultur auch zu einer „Erhalten um jeden Preis" Kultur, welche in bereits degenerierten Organismen die noch vorhandenen Restfunktionen und

Persönlichkeitsreste so lange wie möglich aufrechterhält und sie daran hindert, ein natürliches Ende zu finden. Dem Ganzen wird dann zur eigenen Selbstberuhigung noch ein Anstrich von „Menschenwürde" gegeben.

In dieser Lebensphase der Erhaltung sollten wir lernen, die Persönlichkeit und den Körper als *Werkzeuge* zu betrachten, nicht mehr und nicht weniger, und wir sollten sie, als solche, auch pflegen und solange wie möglich instandhalten. Aber sie werden trotzdem, früher oder später, der Abnutzung und dem Verfall unterliegen. Und wenn ein Werkzeug nicht mehr zu gebrauchen ist, dann sollte es beseitegelegt werden. Alles andere wäre nicht wirklich menschenwürdig. Denn es kann weder menschenwürdig sein, in einem nur noch halbwegs funktionierenden, dahinsiechenden Körper und einer nur noch aus wenigen Fragmenten bestehenden Persönlichkeit festgehalten zu werden, noch ist es menschenwürdig anderen zur Last fallen zu müssen, weil wir die alltäglichsten Dinge nicht mehr selbstständig erledigen können.

In dieser zweiten Lebensphase sollten wir zu der Erkenntnis gelangen, dass unser ursprüngliches Bewusstsein in einem Körper, in einer Persönlichkeit und in einer Scheinidentität eingesperrt ist.
Es sollte uns immer wieder klar sein: Der Körper und die Persönlichkeit sind vorübergehende Erscheinungen. Sie sind STERBLICH!

Durch die Identifikation des Bewusstseins mit dem Körper und der Persönlichkeit wird das ursprüngliche, unsterbliche Wesen des Menschen selbst zu einer sterblichen Erscheinung und dem Verfall unterworfen.

Und wenn der Verfall, wie so oft, langsam vor sich geht und die einzelnen Prägungen und Rollen der Persönlichkeit nur nach und nach verfallen und sterben, wird der Mensch dement und stirbt oft in geistiger Umnachtung einen menschenunwürdigen Tod.

Der Persönlichkeitskult und die Identifikation mit der Persönlichkeit halten den Menschen in einer Art hypnotischen Schlafzustand[6]. Und, wenn er nicht rechtzeitig umkehrt, das heißt, aus seinem Schlaf erwacht, die Identifikation mit der Persönlichkeit bricht und seinen Schwerpunkt ins ungeformte, ursprüngliche Bewusstsein verlagert, wird seine Umkehr überfällig. Wenn er nämlich nicht umkehrt, bevor er seine kognitiven Fähigkeiten verloren hat, wird es für ihn keine Umkehr mehr geben. Dann wird er nicht nur sein gesamtes Leben in einer Art Halbschlaf verbringen, er wird dann auch als ein fragmentiertes Wesen in einer Art Dämmerzustand sterben.

Rechtzeitig umzukehren heißt, umzukehren, solange die kognitiven Fähigkeiten eines Menschen noch vollständig intakt sind. Denn ohne Erkenntnis seiner wirklichen Situation gibt es kein Erwachen, ohne Erwachen keine

---

[6] Siehe auch: Ouspensky, Peter D.: Auf der Suche nach dem Wunderbaren: Perspektiven der Welterfahrung und der Selbsterkenntnis.

Auflösung der Identifikation mit der Persönlichkeit und ohne Auflösung der Identifikation kein Verlagern des Schwerpunktes in das ursprüngliche, ungeformte Bewusstsein.

Solange ein Mensch mit seiner Persönlichkeit identifiziert ist und sich dadurch in einem traumähnlichen Zustand befindet, kann er, ähnlich wie bei einem nächtlichen Traum, nur durch einen Schreckmoment erwachen.

Die Erkenntnis unserer Vergänglichkeit, eine unheilbare Krankheit oder auch der Tod von uns nahestehenden können solche Schreckmomente sein.

Eine solche Erkenntnis und Bewusstwerdung unserer eigenen Sterblichkeit kann uns aufschrecken lassen und das Verlangen nach etwas Dauerhaftem und Bleibendem in uns erwecken.

Dieses Bleibende Etwas in uns ist das ursprüngliche, ungeformte Bewusstsein – ein Etwas das einem Spiegel gleicht, der alles, was vor ihn tritt, widerspiegelt, aber sich selbst immer gleichbleibt. Dieses spiegelgleiche Bewusstsein ist das, was wir „Seele" nennen. Dieses spiegelgleiche Etwas in uns ist unser Wahres Sein, worauf wir uns immer wieder besinnen müssen, denn selbst wenn wir einmal zu diesem Zustand unseres Wahren Seins erwacht sind, werden wir ihn alsbald auch wieder verlieren und in unseren gewohnten alltäglichen Schlafzustand zurückfallen. Die eingefahrenen Muster und Prägungen, unsere Gewohnheiten und Rollen sind nämlich zu stark, als dass wir sie mit einem Schlag überwinden könnten. Wir müssen uns daher immer wieder daran erinnern, *was* wir sind, *woher* wir kommen und *wohin* wir gehen. Wir müssen immer wieder bewusste Anstrengungen unternehmen, um uns selbst urteilsfrei zu beobachten, um uns als vorübergehend Erscheinungen zu betrachten und unsere Aufmerksamkeit auf das spiegelgleiche Etwas in uns zu richten.

Wann immer wir vor einem Spiegel stehen, können wir uns in die Augen sehen und bedenken, dass da eine vorübergehende Form des Lebens vor uns steht und der Spiegel eines Tages leer sein wird.

All das kann uns nach und nach von den Blendwerken der Persönlichkeitskultur, wie Identifikationen, Selbstverherrlichung, Eitelkeit, Stolz und Gier usw. befreien. Es kann uns unserem wahren Menschsein näherbringen, die verhärteten Strukturen der Persönlichkeit auflockern und für etwas Größeres durchlässig machen, sodass sich die im Körper und in der Persönlichkeit verfangenen Bewusstseinsanteile zu ihrem Urgrund rückverbinden können.

Dann wird sich auch unser Schwerpunkt zurück in das ungeformte Bewusstsein verlagern und dort verankern. Unser Leben und unsere Welt werden sich dann nicht mehr um die Persönlichkeit drehen, sondern um unseren innersten Wesenskern, dem ursprünglichen Bewusstsein, unserer inneren Sonne. Genauso wie sich die Planeten unseres Planetensystems um die Sonne drehen und nicht die Sonne um die Planeten, wird sich unser Leben um unseren Wesenskern drehen. „Wir werden das frühere geozentrische Weltbild nicht nur in astronomischer, sondern auch in psychologischer Hinsicht verlassen haben."[7] – und alles wird an seinen richtigen Platz gerückt.

Die Persönlichkeit wird nicht mehr der Mittelpunkt der Welt sein. Es kommt zu einer *Umkehr* der Verhältnisse, die Persönlichkeit wird nicht mehr der bestimmende Faktor unseres Handelns sein, sondern wird zum Werkzeug des Ausdrucks.

Güte, Respekt und Wohlwollen anderen Wesen gegenüber werden nicht mehr von anerzogener Furcht vor Strafe oder von unserem anerzogenen Moralkodex bestimmt, sondern allein von der Erkenntnis, dass wir alle den gleichen Ursprung haben, aus dem gleichen Stoff gemacht sind und hinsichtlich unserer Sterblichkeit dem gleichen Schicksal unterworfen sind.

Wir werden wissen, dass wir uns nicht selbst geschaffen haben und dass wir, wenn wir sterben, lediglich das zurückgeben, was uns ohnehin nie gehörte.

Dieser Prozess wird einen Sammel- und Schwerpunkt in unserem Inneren, im formlosen Bewusstsein bilden und uns den Übergang in die nächste und letzte Phase unseres Lebenskreislaufs erleichtern.

---

[7] Sagt Maurice Nikoll, ein Schüler Gurdjieff's.

Die Phase der Degeneration und Auflösung

Bedeutete die Phase des Wachstums und der Formierung des Körpers und der Persönlichkeit für das ursprüngliche Bewusstsein eine *Abwärtsentwicklung,* weg von seinem Einen Urgrund, dann bedeutet die Phase der Degeneration mit der Auflösung des Körpers und der Persönlichkeit eine *Aufwärtsentwicklung* des Bewusstseins, zurück zu seiner ursprünglichen Formlosigkeit, zurück zu seinem Einen Urgrund.

In dieser Phase der Degeneration und der Auflösung geht es um die *Vergeistigung* oder *Verklärung* des Bewusstseins. Vergeistigung oder Verklärung bedeutet, dass das Bewusstsein von den hinterlassenen Spuren des Körpers, der Persönlichkeit und des Lebens wieder gesäubert oder geklärt (verklärt) wird, um in seinen Einen, zeit- und formlosen Urgrund zurückkehren zu können.

Es geht hier darum, dass während der Degenerations- und Auflösungsphase die im Körper und in den Persönlichkeitsstrukturen eingeschlossenen Bewusstseinsteile nach und nach ihre Grundlage und damit auch ihren Halt verlieren, was für das an Formen und Strukturen gewohnte Bewusstsein natürlich auch beängstigend sein kann.

Aber wenn wir zuvor durch bestimmte Anstrengungen und Rückbesinnung auf unser ursprüngliches

Bewusstsein einen Schwer- und Sammelpunkt im formlosen Bewusstsein geschaffen haben, dann werden die
freigewordenen Bewusstseinsteile von diesem Schwerpunkt aufgesogen und gesammelt, sodass sie dort einen
neuen Halt finden und wir am Ende unseres Sterbeprozesses mit einem letzten Ausatmen als *Einheit, als ganzer
Mensch* einen würdevollen Tod sterben können.

Das geschieht aber nur in den seltensten Fällen auf diese
ideale Weise, weil nur sehr wenige Menschen während
der Erhaltungsphase ihres Lebenskreislaufs einen
Schwer- und Sammelpunkt in ihrem formlosen, spiegel-
gleichen Bewusstsein geschaffen haben, welcher den kri-
tischen Übergang von der Erhaltungsphase in die Phase
der Degeneration und der Auflösung erleichtern könnte.

Vom Persönlichkeitskult geprägt, durch Identifikation
mit seiner Persönlichkeit, durch abnorme Gier und Habsucht, verfällt der Mensch einem Erhaltungswahn und
bleibt an der Erhaltungsphase seines Lebenskreislaufs
haften, wodurch er aus der kreisförmigen Linie seines natürlichen Lebenskreislaufs heraus und in eine gerade Linie des Erhalten Wollens seiner Persönlichkeit eintritt.
Oder anders ausgedrückt: Der Mensch kann innerlich
nicht mehr aus der Erhaltungsphase in die Degenerationsphase übertreten und ist deshalb nicht mehr mit dem
natürlichen Lauf der Dinge konform.

Aus seinem natürlichen Lebenskreislauf geworfen, kann er dann weder einen natürlichen, noch einen menschenwürdigen Tod sterben.

Außerhalb seines natürlichen Lebenskreislaufs, an der horizontalen Linie der Erhaltungsphase haftend, treffen den Menschen dann aber dennoch die früher oder später einsetzenden, oft mit Krankheiten verbundenen Degenerationsprozesse, bis schließlich der Tod *unvorbereitet* eintritt.

Seltsamerweise bereitet sich der Mensch im Laufe seines Lebens auf alles Mögliche vor. Nur auf den wichtigsten Moment seines Lebens, nämlich seinen eigenen Tod, bereitet er sich nicht vor.

Von seinem Wachstums- und Erhaltungswahn geblendet, ist er nicht mehr in der Lage, sich dem natürlichen Wandel der Dinge zu unterwerfen. Eingenommen von seiner Persönlichkeit, dem Persönlichkeitskult und seiner Scheinidentität, taumelt in seiner illusionären Welt dahin und bemerkt nicht, dass sein Weg immer enger und enger wird, dass er am Ende dieses Weges vor einem Abgrund stehen und es dann auch kein Zurück mehr geben wird. Dieser Prozess mündet nicht selten in dem, was wir Dissoziation der Persönlichkeit oder Demenz nennen – einem langsamen, fortschreitenden Stück für Stück Sterben der Persönlichkeit.

Weil dieser Prozess des langsam fortschreitenden Sterbens der Persönlichkeit in der Degenerations- und Auflösungsphase häufig auftritt, soll er im Folgenden etwas ausführlicher beschrieben werden.

Dissoziation und Sterben der Persönlichkeit

Dissoziation der Persönlichkeit bedeutet, dass die Verbindungen zwischen den einzelnen Teilen der Persönlichkeit unterbrochen werden, wodurch wir die Fähigkeit verlieren, Zusammenhänge erkennen zu können. Das heißt, unser gesamter Anpassungsapparat, den wir Persönlichkeit nennen, gerät aus den Fugen.

Wenn wir das in seinem ganzen Umfang verstehen, können wir sowohl das Wesen einer Demenz als auch das eines Wahns verstehen.

Jeder Demenz liegen ausnahmslos Degenerations- und Dissoziationsprozesse zugrunde. Sie alle haben das gemeinsame Merkmal des Verlustes von Zusammenhängen innerhalb der Persönlichkeitsstruktur, also der Dissoziation.

Die Verbindungen der einzelnen Prägungen und Rollen der Persönlichkeit können untereinander mehr oder weniger gestört, aber auch vollständig unterbrochen sein. Ebenso kann die Anzahl der dissoziierten Persönlichkeitsteile zwischen wenigen, vielen und allen variieren.

Daraus erklärt sich auch der Schweregrad einer Demenz, der zwischen unmerklicher, dezenter, und vollkommener geistiger Umnachtung, mit situativer, zeitlicher, örtlicher und persönlicher Desorientiertheit liegen kann.

Im Anfangsstadium oder bei den leichteren Schweregraden finden wir oft Personen mit gut aufrechterhaltener Fassade: Sie können noch unmittelbare Notwendigkeiten des Alltags erkennen, können noch lesen, können sich Getränke einschenken, wenn sie durstig sind, können noch mit Messer und Gabel essen, können ihr Eigentum erkennen, können ihre Notdurft noch selbstständig verrichten, und können auch scheinbar sinnvolle Gespräche führen. Erst bei näherem Hinschauen oder bei länger dauernden Gesprächen fällt auf, dass da irgendetwas nicht zusammenpasst oder stimmt: dass sie zum Beispiel etwas wiederholen, was sie kurz vorher schon sagten, dass sie nicht mehr wissen, was kurz vorher geschah, dass sie aus der Luft gegriffene Erklärungen für ihre momentane Situation erfinden oder plötzlich den momentanen Aufenthaltsort mit einem anderen Ort verwechseln usw. Bei den schwereren Fällen gesellen sich zu den oft schon stark ausgeprägten Orientierungsstörungen auch noch andere physiologische und neurologische Begleiterscheinungen, wie z. B. Koordinationsstörungen, motorische Unruhezustände, Kontrollverlust über die Harn- und Stuhlausscheidung, Hypersensibilität oder Schmerzunempfindlichkeit, Störungen des sprachlichen Ausdrucks mit Wortfindungsstörungen, ständige Wiederholungen ein und desselben Satzes oder Wortes, Beschränkung des Ausdrucks auf Laute oder Schreie, vollständige Aphasie, bis hin zu Schluckstörungen, Körperzuckungen und Krampfanfällen usw.

Die Bandbreite der Ausdrucks- und Verhaltensweisen solcher dissoziierten Persönlichkeitsstrukturen reicht von freundlich, liebenswürdig, amüsant bis zu verabscheuungswürdig, ekelerregend oder auch gewalttätig.

Wenn wir uns fragen, was in solch einer dissoziierten Persönlichkeit wohl vor sich gehen mag – dann lautet die Antwort: das Gleiche, was in uns selbst und in jedem anderen „normalen" Menschen auch vor sich geht; beim Dementen aber nur in *isolierter, ausgeprägterer* Form!
Denn die dissoziierten bzw. isolierten einzelnen Persönlichkeitsmuster werden viel *deutlicher* sichtbar als die assoziierten Muster einer intakten Persönlichkeitsstruktur.
Der Unterschied zwischen einem dementen und einem „normalen" Menschen ist also lediglich graduell.

Weil der „normale" Mensch in seinem Alltagsleben bestimmten Prägungen und Rollen den Vorzug gibt, werden die „unliebsamen" Teile seiner Persönlichkeitsstruktur mehr oder weniger in den Hintergrund gedrängt und von den vorgezogenen Teilen abgetrennt, also dissoziiert.
Die vorgezogenen Prägungen und Rollen sind im „normalen" Menschen soweit miteinander verbunden, dass sie eine Persönlichkeitsstruktur bilden, mit der er sein Leben innerhalb seines Sozialgefüges einigermaßen bis gut auf die Reihe bringen kann.
Die im Hintergrund verbliebenen Persönlichkeitsteile bleiben vorerst unsichtbar in einem dissoziierten Zustand, können aber sichtbar werden, wenn es zum

Beispiel durch beginnende Degenerationsprozesse im Alter zu einer Schwächung der im Vordergrund stehenden Alltagspersönlichkeitsstruktur kommt.

Mit fortschreitender Degeneration und Dissoziation der Alltagspersönlichkeitsstruktur bröckelt dann auch die bis dahin aufrechterhaltene Fassade einer vormals „intakten" Persönlichkeit, bis die gesamte Persönlichkeitsstruktur in einzelne unzusammenhängende Fragmente aufgesplittert ist und der Mensch auch im Alltagsleben seine Orientierung vollständig verliert.

Dann kommt es zu einer unregelmäßigen Fluktuation der einzelnen Fragmente, welche durch zufällig aufgenommene Reize aus der Umgebung oder durch Körperempfindungen aktiviert werden.

Nicht selten finden wir aber auch demente Menschen, bei denen ein einzelnes Fragment von morgens bis abends aktiv ist und sich in ständig wiederholten, automatischen Handlungen oder Äußerungen zeigt.

Die bei einer Demenz auftretenden Phänomene lassen sich ausnahmslos alle durch Dissoziation erklären.

Unter solchen Phänomenen finden wir zum Beispiel: Wahnvorstellungen aller Art.

Unterhaltungen mit dem eigenen Spiegelbild, als sei es eine andere Person.

Selbstgespräche, bei denen sich unterschiedliche Fragmente der Persönlichkeit in Ton und Ausdruckswiese abwechseln: Zum Beispiel schreit eine demente Person unaufhörlich und laut „Hilfe!, Hilfe!, Hilfe!"; man fragt „wie geht es ihnen?"; und erhält dann als Antwort etwa: „Sehr gut, danke der Nachfrage"; wendet man sich ab, geht es mit „Hilfe!, Hilfe!" weiter.

Oder: Eine gut situierte, gut gekleidete alte Dame starrt vor sich hin und sagt in aufgeregtem Ton Dinge wie: „Du alte Dreckshure", „Du verfluchtes Dreckschwein", „Du verdammtes Drecks Luder" oder Ähnliches. Zwischendurch sagt sie plötzlich in ganz ruhigem Ton: „So was sagt man doch nicht" – und im nächsten Moment geht das Geschimpfe wie vorher weiter.

Wir finden Leute, die in ihre Hose oder in ihr Bett urinieren und voller Überzeugung behaupten, jemand anderes hätte es getan. Manche verstecken Gegenstände und behaupten dann felsenfest, man hätte sie bestohlen.

Andere wiederum schlagen ohne Vorwarnung auf jemanden ein und behaupten im nächsten Moment auf Nachfrage, sie hätten in ihrem ganzen Leben noch nie jemanden geschlagen. Und so weiter.

In solchen Beispielen können wir die Dissoziation der einzelnen Persönlichkeitsteile deutlich sehen:

Der Teil, der ins Bett uriniert, ist ein anderer als derjenige, der behauptet, jemand anderes hätte es getan.

Der Teil, der Gegenstände versteckt, ist ein anderer als der, welcher behauptet, er sei bestohlen worden.

Und der Teil, der jemanden schlägt, ist ein anderer als derjenige, welcher behauptet, in seinem ganzen Leben noch nie jemanden geschlagen zu haben. Usw.

Zu diesen elenden Zuständen der Dissoziation kommen dann mit zunehmendem Alter auch noch körperliche

Gebrechen hinzu, die bis zur vollständigen Bettlägerigkeit und schließlich zum Siechtum führen können.

Viele solcher Menschen müssen die letzten Jahre ihres Lebensabends in Desorientiertheit, Verwirrtheit, inneren Unruhezuständen und massiven körperlichen Einschränkungen verbringen.

Weil die Demenz, insbesondere Alters- und Alzheimerdemenz, die Folge unvermeidbarer Degenerationsprozesse ist, müssen wir uns darüber im Klaren sein, dass diese Degenerationsprozesse letztendlich nicht aufzuhalten sind, und dass eine dadurch entstandene Demenz nicht heilbar oder umkehrbar ist.

Solche Degenerationsprozesse können, wenn auch mit mäßigem Erfolg, lediglich verlangsamt oder hinausgezögert werden, was innerhalb der Persönlichkeitskultur auch mit allen Mitteln versucht wird.

Nur stellt sich hier aber die Frage, ob wir einem Menschen, dessen Persönlichkeit nur noch aus einzelnen, zusammenhanglosen Fragmenten besteht, etwas Gutes damit tun, wenn wir ihn solange wie möglich in solch einem desolaten Zustand halten? Oder ob wir ihn damit einer oft jahrelang andauernden Folter aussetzen?

Solche Fragen werden aber innerhalb einer vom Persönlichkeitskult geprägten Gesellschaft erst gar nicht gestellt, weder von ehrgeizigen Medizinern noch von den „wohlwollenden" Vertretern des sozialen Engagements – und erst recht nicht von den noch „wohlwollenderen" Vertretern der Pharmaindustrie.

Wenn wir aber, vom Persönlichkeitskult geprägt, selbst nur die Welt der Persönlichkeit kennen, stellen wir uns solche Fragen ebenfalls nicht.

Wir werden dann zu Mitläufern in einer Erhalten-um-je-den-Preis-Kultur. Wir lassen jedes Wehwehchen medizinisch behandeln, gehen regelmäßig zu Vorsorgeuntersuchungen, achten auf gesunde Ernährung, treiben Sport und versuchen unsere grauen Zellen auf Trab zu halten, usw.

Wir mögen all diese Dinge tun, sie mögen auch die Zeitspanne unseres Lebens in kleinerem oder größerem Maße verlängern. Aber solange wir keinen Bezug zum spirituellen Sein des Menschen haben, solange wir uns nicht auf unser wahres Sein, unser leeres, ungeformtes Bewusstsein besinnen, bewegen wir uns innerhalb des Persönlichkeitskults auf der Flucht vor dem Unumgänglichen, von einer Fata Morgana zur nächsten, während der Degenerationsprozess im Hintergrund unbemerkt voranschreitet, bis er uns schließlich eingeholt hat.

Kommt uns im Laufe unseres Älterwerdens dennoch hin und wieder die Unvermeidbarkeit unseres Sterbens in den Sinn, hoffen wir vielleicht auf einen plötzlichen, am liebsten, „unmerklichen" Tod.

Auf diese Weise geben wir, während wir heiter drauf los leben, wohl oder wehe unser Altern und unser Sterben in die Hände des Zufalls oder gar in die Hände „wohlwollender" Persönlichkeitskultmediziner, die uns, wenn auch unabsichtlich, eifrig dabei „helfen", nicht auf natürliche Weise und in Würde sterben zu können.

Vielleicht sterben wir dann, wie gewünscht, einen plötzlichen, „unmerklichen", vielleicht aber auch einen merklich langsamen Tod, im Siechtum und in geistiger Umnachtung.

Solange wir vor dem Altern, dem Sterben und dem Tod flüchten, klammern wir eine Hälfte der Wirklichkeit aus unserem Dasein aus. Dadurch wird die Persönlichkeit von der Realität des Todes und damit auch vom wirklichen Leben abgespalten und die erste Grundvoraussetzung für weitere Dissoziationen in unserm Innenleben geschaffen.

Denn in dem Moment, in dem wir uns von einem Teil der Wirklichkeit abspalten oder dissoziieren, beginnen wir innerlich in einer imaginären, unwirklichen Welt von Halbwahrheiten und Trugbildern zu leben.

Dann können wir zwar, solange bestimmte Persönlichkeitsstrukturen noch intakt sind, ein „normales" äußeres Leben innerhalb unseres vom Persönlichkeitskult geprägten Sozialgefüges führen, aber in Bezug zur Wirklichkeit haben wir bereits begonnen, uns zu dissoziieren und in gewisser Weise auch desorientiert oder dement zu sein.

Diese *Primäre Dissoziation* bildet sozusagen die Grundlage, auf der sich weitere Dissoziationsprozesse aufbauen können.

Auf der Grundlage dieser *Primären Dissoziation* oder der Abspaltung der Persönlichkeit von der Wirklichkeit des Todes kommt es dann im Laufe unseres Älterwerdens – was dem Näherkommen des Todes entspricht – zu weiteren Dissoziationsprozessen, die sich jetzt innerhalb unserer Persönlichkeitsstruktur selbst abspielen und die Persönlichkeit in einzelne, unzusammenhängende Fragmente zerfallen lassen.

Sobald die innere Struktur der Persönlichkeit begonnen hat in unzusammenhängende Teile zu zerfallen, gibt es für diesen Menschen kein Zurück mehr. Er wird mit hoher Wahrscheinlichkeit in einem Zustand geistiger Umnachtung als fragmentiertes Wesen *unvorbereitet* und *unbewusst* sterben.

Das Wissen um die eigene Sterblichkeit ist unter anderem ein Faktor, durch den sich der Mensch vom Tier unterscheidet. Wenn wir diesen Faktor während unseres Daseins vernachlässigen, laufen wir Gefahr unvorbereitet einen unbewussten und menschenunwürdigen Tod zu sterben, wie ein Tier. Menschenwürdig zu sterben heißt nämlich auch, auf den Tod vorbereitet zu sein, ihn bewusst willkommen heißen zu können, wenn er an unsere Tür klopft.

Wollen wir auf unser Sterben vorbereitet sein, dann müssen wir dem Tod und den unvermeidlichen Degenerationsprozessen unseres Körpers und unserer Persönlichkeit ins Auge sehen.

Wir müssen lernen, uns nicht mehr vor diesen Dingen zu fürchten und uns in unserer Persönlichkeit zu verkriechen, sonst werden wir in Furcht und Schrecken geraten, wenn sie uns schließlich doch einholen.

Wenn wir den Tod fürchten und fliehen, ist die Wahrscheinlichkeit groß, in einer Sackgasse zu landen, die wir

Demenz nennen: Auf der Flucht vor dem unvermeidlichen Ende werden wir ein Versteck als Zufluchtsort suchen. Und weil wir nichts anderes als unsere Persönlichkeit kennen, werden wir uns als Erstes in dieser verbarrikadieren und so die *Primäre Dissoziation* schaffen. Sind die inneren Strukturen der Persönlichkeit noch soweit intakt, dass wir ein „normales" Leben führen können, werden wir uns in Ablenkungen und Zerstreuungen flüchten: in die Arbeit, in soziales Engagement, in persönliche Selbstwertschätzungen, in Darstellungen unserer Person, in persönliche Besitztümer, kurz, in allem, was der Persönlichkeitskult zu bieten hat.

Wir müssen hier auch verstehen, dass der *Primären Dissoziation* physiologisch der Selbsterhaltungstrieb zugrunde liegt und dass sie eine zeitlich begrenzte, naturgegebene Notwendigkeit ist, um in einem Sozialgefüge Fuß fassen zu können.
Die Persönlichkeit muss sich zuerst von verschiedenen Dingen abgrenzen, um sich voll entwickeln zu können und um als gutes Anpassungswerkzeug im Leben zu funktionieren.

Die *Primäre Dissoziation* oder die Abspaltung der Persönlichkeit von der Wirklichkeit ist ein dem Menschen von der Natur eingepflanzter Mechanismus, der ihn daran hindert, seine Sterblichkeit in vollem Umfang erkennen zu können. Denn würde er seine Sterblichkeit in vollem Umfang erkennen, dann hätten Leben und Tod für ihn das gleiche Gewicht, wodurch es auch keinen Anlass mehr für ihn gäbe, überhaupt zu leben oder seine Art zu erhalten. Das heißt, der Mensch als solcher würde alsbald von der Oberfläche unseres Planeten verschwinden. Dann würde aber auch am oberen Ende der Stufenleiter des sich entwickelnden Lebens auf unserem Planeten das Brückenglied zwischen Tierwelt und ursprünglichem, formlosem Bewusstsein verschwinden und das Bewusstsein könnte seinen kosmischen Kreislauf nicht vollenden. Die Natur muss also gezwungenermaßen diesen „Trick" anwenden, dem Menschen, zumindest während den anfänglichen Phasen seines Lebenskreislaufs, eine schöne, lebensmotivierende Scheinrealität vorzugaukeln. Die umfassende Erkenntnis seiner wirklichen Situation und seiner Sterblichkeit ist den späteren Lebensphasen vorbehalten, denn dann befindet sich der Mensch bereits näher an seinem Ableben, und dieser trügerische Mechanismus wird nicht mehr benötigt.

Aber die unausweichlichen Folgen dieses trügerischen Mechanismus, von denen die egomanische Persönlichkeitskultur eine ist, zeigen Nachwirkungen, die den Menschen oft auch bis zu seinem Tod daran hindern, die ganze Wirklichkeit zu erkennen.

Wer mit der Lehre Gurdjieff's[8] näher vertraut ist, wird hier möglicherweise Parallelen zu den „Folgen des Organs Kundabuffer" erkennen können.

---

[8] Nicoll, Maurice: Psychological Commentaries on the Teaching of Gurdjieff and Ouspensky.

Jedenfalls entstehen die Probleme für uns dann, wenn im Laufe unseres Älterwerdens, Sterben und Tod in unser Bewusstsein drängen und wir zu sehr an der Persönlichkeit festhalten, weil wir sie als unsere wahre Wesensnatur betrachten.

Solange auf dieser Stufe der *Primären Dissoziation* unser „gesunder Menschenverstand" noch intakt ist, sind auch noch eine Umkehr und die Hinwendung zu unserer wahren Wesensnatur, dem formlosen, ursprünglichen Bewusstsein, möglich. Vorausgesetzt, natürlich, dass wir die Fähigkeit uns über unser Dasein zu wundern noch nicht ganz verloren haben und wir noch so viel Intelligenz besitzen, um zu erkennen, dass wir auf Sand bauen, wenn wir unser weiteres Dasein auf vorübergehende Erscheinungen gründen.

Während wir beim Übergang der Erhaltungsphase in die Phase der Degeneration und der Auflösung, auf der Flucht vor dem Unausweichlichen, weiter an der Persönlichkeit haften, uns in ihr verbarrikadieren und die natürlichen Degenerationsprozesse weiter voranschreiten, kommt es zu Dissoziationsprozessen innerhalb der Persönlichkeitsstruktur selbst oder zu einer *Sekundären Dissoziation*. Hierbei zerfällt die zuvor relativ gut zusammenhängende und zusammenfunktionierende Gesamtstruktur der Persönlichkeit in kleinere Strukturen, sodass von unseren Hauptprägungen und Hauptrollen gerade noch genug übrigbleibt, um mit Müh und Not ein paar einfache Alltagsdinge zu regeln. Dann sind wir senil geworden. Um uns herum ist es enger und dunkler geworden. Wenn wir nach vorne blicken, dann steht da die gähnende Leere des Todes vor uns; also blicken wir zurück auf das, was wir einmal waren, was wir gut konnten, was wir geleistet haben, was wir erworben haben, aber auch auf Schicksalsschläge und Dinge, die uns übel mitgespielt haben, usw. Wir beginnen uns an Vergangenes zu klammern, erzählen voller Stolz von erbrachten Leistungen oder beklagen uns über Schlimmes, das uns widerfuhr, um wenigstens auf diese Weise unser imaginäres „Ich" aufrechtzuerhalten.

War während der *Primären Dissoziation* unsere Persönlichkeit noch eine relativ gemütliche Höhle, in der wir uns verstecken konnten, so ist unser Versteck nun, während der *Sekundären Dissoziation,* zu einem mehr oder weniger dunklen Loch geworden. Auf der Flucht vor dem unvermeidlichen Ende kauern wir uns in dieses Loch und versuchen, noch einige Lichtblicke aus sozialen Kontakten und Umweltreizen zu erhaschen.

Von hier aus ist eine *Umkehr* nicht mehr möglich. Entweder sterben wir in diesem Stadium an irgendwelchen Krankheiten, vor denen uns die moderne Medizin mit einer täglichen Handvoll Medikamenten ja gut zu „schützen" versucht, oder aber wir fallen weiteren Degenerationsprozessen zum Opfer, die schließlich in der *Tertiären Dissoziation* enden.

Die *Tertiäre Dissoziation* zeichnet sich durch weitere Aufspaltung der jetzt schon beschränkten Persönlichkeitsstrukturen in noch kleinere, unzusammenhängendere Fragmente aus.

In diesem Stadium verlieren wir nach und nach die Orientierung und es tritt das ein, was wir als Demenz bezeichnen.

Der Übergang von der *Sekundären* zur *Tertiären Dissoziation* kann sich als besonders leidvoll für uns gestalten, weil die immer öfter auftretenden Zustände der Desorientiertheit noch wiederholt in unser Bewusstsein dringen.

Wir bemerken und verspüren, dass wir nach und nach die Orientierung verlieren und innerlich zerrissen werden.

Am Ende dieses Prozesses werden wir die Orientierung vollständig verloren haben, wir werden nur noch aus fluktuierenden Fetzen unserer einst intakten Persönlichkeit bestehen – und dies auch nicht mehr bemerken.

Weil alle Teile unserer Persönlichkeit zusammenhangslos geworden sind, können wir jetzt auch keine Zusammenhänge mehr erkennen. Wenn wir „Ich" sagen, dann ist dieses „Ich" lediglich einer dieser kleinen Persönlichkeitsfetzen, der gerade im Vordergrund steht und unser Restbewusstsein in Beschlag nimmt. Wir haben endgültig unseren Verstand verloren. Selbst einfachste Dinge des Alltags, wie Nahrungszufuhr, Flüssigkeitszufuhr, Toilettengänge, Körperpflege usw., müssen dann von anderen für uns erledigt werden, während unsere Stammhirnfunktionen noch soweit funktionieren, um den physischen Körper mit der Hilfe anderer am Leben zu erhalten.

Wir können in diesem fortschreitenden Prozess, von der *Primären,* über die *Sekundäre,* bis zur *Tertiären Dissoziation* erkennen, wie sich das ursprünglich formlose Bewusstsein - oder die Seele - in immer kleiner werdende Strukturen und Formen aufspaltet und verfängt, bis schließlich in äußerster Zersplitterung und Finsternis eine Art Seelentod in einem noch lebenden Körper eintritt.

Paradoxerweise führen wir diesen Seelentod in einem noch lebenden Körper durch unser Haften an der Persönlichkeit und durch die immer weiter nach außen gerichtete Flucht vor dem Tod selbst herbei.

Die einzige Erlösung, die es dann noch gibt, ist der Tod des Körpers, und damit auch der Restfragmente der Persönlichkeit mit den darin verhafteten Bewusstseinsfragmenten.

In solch einem fortgeschrittenen Zustand der Dissoziation können wir aber den Tod weder wünschen noch wollen, weil uns nämlich die Fähigkeit des Erkennens und ein einheitlicher Wille abhandengekommen sind.

Sollte der Wunsch zu sterben dennoch geäußert werden, dann können wir davon ausgehen, dass er aus einem gerade aktiven, kleinen Restfragment der Persönlichkeit kommt und ihm im nächsten Moment durch ein anderes Fragment widersprochen werden kann.

Wir durchlaufen so einen *Absteigenden Prozess,* der zu einer immer weiteren Aufspaltung des ursprünglich geeinten, formlosen Bewusstseins führt, bis wir unser Menschsein verlieren und einen Stück-für-Stück-Tod sterben.

Ein solcher Tod ist sicherlich nicht würdevoll.

In spiritueller Hinsicht ist der Seelentod in diesem *Absteigenden Prozess* die letzte Konsequenz des von seinem Urgrund abgefallenen Menschen oder des „Sündenfalls".
Hier bedeutet „Sünde" nicht das Begehen einer unmoralischen Handlung, sondern – auf der Stufe der *Primären Dissoziation* – die rechtzeitige *Umkehr* verpasst zu haben.
Der Seelentod in der Zersplitterung wäre dann auch nicht eine „Strafe Gottes", sondern eine einfache Gesetzmäßigkeit, die dann eintritt, wenn wir einem *nur nach außen* gerichtetem Lebenswillen folgen und während der Degenerationsphase nicht von unserer Persönlichkeit lassen können, wodurch das ursprünglich geeinte Bewusstsein mehr und mehr fragmentiert wird.

Ausnahmslos alle echten spirituellen Lehren und Religionen ermutigen uns zu einer *rechtzeitigen* Umkehr, damit wir den nach außen gerichteten, immer enger und dunkler werdenden Pfad des Abstiegs nicht bis zu Ende gehen müssen.
Sie lehren uns, dass dem Menschen im Unterschied zum Tier so viel Geist oder Bewusstsein, Intelligenz und Willen gegeben wurden, um einen nach innen gerichteten *Aufsteigenden* Weg, zurück zum Ursprung und zur Einheit gehen zu können.
Erst wenn auf den Abstieg bis zur Erhaltungsphase unseres Lebenskreislaufs in der Degenerations- und Auflösungsphase auch wieder ein Aufstieg folgt, können wir

einen für den Menschen artgerechten Lebenskreislauf zur Vollendung bringen und in Würde sterben.

Ein solcher artgerechter Lebenskreislauf des Menschen besteht im Wesentlichen aus einer absteigenden Phase der Verkörperung bis zur Primären Dissoziation, einer Phase der Erhaltung, und schließlich einer aufsteigenden Phase der Umkehr, der Vergeistigung oder der Entkörperung des Bewusstseins und dessen Rückverbindung zu seinem Urgrund.

Eine *rechtzeitige* Umkehr kann nur auf der Stufe der *Primären Dissoziation* erfolgen, sobald die Persönlichkeit eine gewisse Autonomie und Festigkeit erlangt hat, um als Werkzeug zur Sicherung der Grundbedürfnisse des Lebens dienen zu können.

Umzukehren heißt dann: mit Identifikationen jeglicher Art zu brechen, uns auf unser leeres, inhaltloses, ursprüngliches Bewusstsein zu *besinnen* und dort einen Schwer- und Sammelpunkt zu schaffen, damit die durch den Zerfall der Persönlichkeit freiwerdenden Bewusstseinsanteile einen Sammelpunkt finden können, um sich darin zu *vereinen*. Das so geeinte Bewusstsein kann dann im Augenblick des Todes als Ganzes in seinen Urgrund eingehen, sich auflösen und so seinen Lebenskreislauf vollenden.

Wenn wir im Laufe unseres Lebens einen Schwer- und Sammelpunkt im leeren Bewusstsein geschaffen haben, haben wir Grund zur Hoffnung, dass wir die Schrecken der Sekundären und Tertiären Dissoziation nicht durchlaufen müssen, weil das leere, formlose Bewusstsein eine Ganzheit ist, die weder wahnsinnig noch dement sein kann. Zudem entspricht die Hinwendung zum leeren, formlosen Bewusstsein einem schon zu Lebzeiten *bewussten Vorwegnehmen* des Todes der Persönlichkeit und damit auch einer Auflösung der Furcht vor dem Tod.

Zusammenfassend können wir sagen:
Durch die Bewusstseinsanteile in der Persönlichkeit wird sie zu einer autonomen Funktionseinheit, die verschiedene Prägungen und Rollen in sich beinhaltet. Je mehr von diesen Prägungen und Rollen miteinander verbunden sind, desto größer ist ihr Bewusstseinsgrad oder ihre Fähigkeit Zusammenhänge erkennen zu können, desto größer ist ihre Autonomie und Anpassungsfähigkeit an die gegebenen Lebensumstände, und desto größer ist auch ihr Potenzial einer umfassenden Erkenntnis der Wirklichkeit, wenn sie sich auf das ursprüngliche Bewusstsein besinnt. Die während der Degenerations- und Auflösungsphase stattfindenden Dissoziationen zersplittern diese autonome Funktionseinheit in kleinere, immer noch autonome Fragmente, die jetzt zusammenhangslos, chaotisch und ungehemmt agieren können, wodurch die Persönlichkeit ihr Potenzial, die Wirklichkeit erkennen zu können, vollständig und unwiederbringlich verliert.
Die Persönlichkeit neigt während der Degenerations- und Auflösungsphase zur Zersplitterung und Fragmentierung. Bewusstsein hingegen neigt zur Verbindung und Einung.

Der Zerfall der Persönlichkeit leitet den Sterbeprozess ein. Dieser Prozess des Sterbens der Persönlichkeit kann sich über Minuten, Stunden, Tage, Wochen oder im Fall einer Demenz auch über Monate und Jahre erstrecken.

Wir alle müssen gegen Ende unseres Lebenskreislaufs diesen Prozess des Zerfalls der Persönlichkeit durchlaufen. Wie schwer und Leidvoll dies für uns sein wird, wird davon abhängen, inwieweit wir uns im Laufe unseres Lebens auf unser ursprüngliches Bewusstsein besonnen haben und die Identifikationen mit der Persönlichkeit brechen konnten.

Die inneren Erlebensräume des Menschen

Die in der Persönlichkeit angelegten Denk-, Fühl- und Handlungsmuster sind nicht nur Werkzeuge zur Anpassung an unterschiedliche Lebensumstände. Sie sind auch Filterstationen für die einströmenden Sinnesreize und Schutzschilde gegen Eindrücke, die unsere Persönlichkeitsstruktur zerstören könnten.

Unaufhörlich sind wir einer überwältigenden Flut von Reizen und Sinneseindrücken ausgesetzt. Ununterbrochen strömen sie bewusst oder unbewusst über die Sinnesorgane in uns ein, um in unseren Zentren des Denkens und Fühlens Eindrücke zu hinterlassen. Die Eindrücke und die daraus entstandenen Assoziationsmuster unseres Denkens und Fühlens werden von einer Art innerem Sinn wahrgenommen und bilden die Inhalte unseres ursprünglich leeren Bewusstseins.

Der Einstrom von Sinnesreizen liefert, ähnlich wie ein elektrischer Strom, den Treibstoff für die in uns angelegten Denk-, Fühl- und Handlungsmuster.

Wie weit oder tief ein Reiz oder Eindruck in die Persönlichkeit eindringt, oder sie sogar durchdringt, ist von der Stärke des Reizes selbst und von der Empfänglichkeit einzelner Persönlichkeitsprägungen für bestimmte Reize abhängig.

Manche Reize erreichen lediglich unsere Sinne, ohne dass wir uns deren bewusst werden. Manche erreichen unser Denken, wo sie entsprechende Assoziationsmuster anstoßen. Bei einer bestimmten Intensität und wenn die Sinnesreize auf sensibilisierte Assoziationsmuster treffen, erreichen sie auch unser Fühlen, wodurch emotionale Reaktionen ausgelöst werden.

Eine Ausnahme bilden Eindrücke, die direkt auf unser Wesen oder Bewusstsein treffen. Dies sind Ereignisse oder Erlebnisse, welche durch einen Überwältigungscharakter gekennzeichnet sind. Hierzu gehören Nah Tod Erfahrungen, schockierende Ereignisse, welche die gesamte Persönlichkeit vorübergehend lahmlegen, religiöse Erfahrungen, Erfahrungen der Ekstase und Erfahrungen in tiefer Meditation.

Innerhalb der Persönlichkeit werden wiederholte Eindrücke nach ihrer Ähnlichkeit sortiert und in schon vorhandene Assoziationsmuster, die aus ähnlichen Eindrücken entstanden sind, abgelegt. Auf diese Weise kommt es zu einer Ausprägung von vorherrschenden Denk-, Empfindungs-, Reaktions- und Handlungsmustern.

Die vorherrschenden Assoziationsmuster und Prägungen vereinigen sich schließlich innerhalb der Persönlichkeit zu unseren Hauptrollen, in welchen dann durch Identifikation mit diesen unser sogenanntes „Ich" Platz nimmt.

Durch die Vorherrschaft bestimmter Rollen und Prägungen in der Persönlichkeit werden unpassende Reize,

Sinneseindrücke und direkte Bewusstseinswahrnehmungen in den Hintergrund gedrängt oder vollständig von unserem „Ich"- Bewusstsein ausgeschlossen.

Hinzu kommt die Tatsache, dass unsere Sinne lediglich für eine begrenzte Bandbreite von Reizen empfänglich sind, weshalb sehr viele Dinge außerhalb unserer sinnlichen Wahrnehmung liegen.

So entstehen für den Menschen drei verschiedene Erlebensräume:

1. Der Erlebensraum des Ichbewusstseins.
2. Der Erlebensraum des Halbbewusstseins oder des Unterbewussten.
3. Der Erlebensraum des Unbekannten und Unkennbaren oder des Überbewussten.

Der Erlebensraum des Ichbewusstseins

Die Inhalte dieses Erlebensraumes werden von unseren vorherrschenden Prägungen und Hauptrollen der Persönlichkeit gebildet, welche die einströmenden Reize und Eindrücke filtern und abändern oder auch blockieren, sodass sie für uns akzeptabel oder zumindest tolerierbar werden.

Auf diese Weise entsteht eine verzerrte subjektive Welt, die in diesem Erlebensraum unsere alleinige „Wirklichkeit" darstellt, aber mit der wirklichen, objektiven Welt nicht mehr viel zu tun hat.

Die in dieser subjektiven „Welt" eingeschlossenen Bewusstseinsanteile nennen wir „Ich".

Und weil diese verzerrte subjektive „Welt" immer wieder mit Inhalten aus der wirklichen Welt kollidiert, stellen diese Kollisionen für unser „Ich" eine ständige Bedrohung dar, der wir mit einer andauernden, oft unbemerkten Abwehrhaltung begegnen. Durch diese andauernde Abwehrhaltung gegen die unliebsamen Eindrücke aus der wirklichen Welt sind wir einer inneren, chronischen Anspannung ausgesetzt, die wir bewusst oder unbewusst zu lösen suchen.

Die innere Anspannung entlädt sich oft in Selbstrechtfertigungen verbunden mit inneren Selbstgesprächen, in ständig sich wiederholenden Gedankengängen sowie einem überstarken Bedürfnis nach Selbstdarstellung und Anerkennung, um von anderen einen Rückhalt für unser bedrohtes „Ich" zu erhalten. Ebenso suchen wir in den anerkannten und vorgegebenen äußeren Werten der Persönlichkeitskultur und unserem Sozialgefüge nach Lösungen, um uns von dieser inneren Anspannung zu befreien.

Der Wunsch nach Anerkennung, Karriere, Macht, Besitz, Reichtum, Ruhm und Ehre, die Mitgliedschaften und Aktivitäten in Vereinen, Interessengemeinschaften und politischen Parteien, die Suche nach immer neuen aufregenderen Sinneseindrücken, Fitness- und Anti-Aging-Trends, Lifestylebewegungen, Leistungssport oder einfach auch das gemütliche Beisammensein mit Gleichgesinnten usw. gehören zu den Symptomen dieser inneren Anspannung und dem ständig auf der Flucht sein.

So besteht fast der gesamte Erlebensraum des Ichbewusstseins aus Strategien, Flucht- und Abwehrmechanismen, um die unliebsamen Kollisionen unseres idealisierten Selbstbildes und unseres „Ichs" mit der Wirklichkeit abzumildern.

Die Strategien zur Aufrechterhaltung dieser „Welt" und das ständige Festhalten an unserem sogenannten „Ich" lassen um unsere Hauptrollen und Prägungen der Persönlichkeit eine Art Panzerung entstehen, die uns im Laufe der Zeit innerlich verhärten lässt und unbeugsam macht.

Diese Unbeugsamkeit und Härte nennen wir dann fälschlicherweise „Selbstbewusstsein", „starke Persönlichkeit" oder „starken Willen", während wir in Wirklichkeit nur starr- und stumpfsinnig geworden und von unserer wahren Wesensnatur abgetrennt worden sind.

Weil ein Großteil unserer gesamten Lebensenergie für die Aufrechterhaltung unserer Schutzschilde aufgewendet wird, während der Rest nach außen fließt und sich in Aktivitäten unseres Privat- und Berufslebens ergießt, bleibt unser innerstes Wesen auf der Strecke und verkümmert. Es ist die schreckliche Folge einer Ich- und Persönlichkeitskultur!

In der „Welt" dieses Erlebensraumes liegt der Schwerpunkt eines Menschen innerhalb der Persönlichkeit entweder mehr in körperlichen Aktivitäten, mehr im Denken oder mehr im Fühlen, was die verschiedensten Persönlichkeitstypen und Berufssparten innerhalb der Persönlichkeitskultur hervorbringt. So bildet sich eine Rangweite, welche vom einfachen Arbeiter bis zum hochbegabten Wissenschaftler oder Künstler reicht.

Ebenso gibt es eine von der Stärke der Persönlichkeitsstruktur und Panzerung abhängige Rangweite unterschiedlicher Persönlichkeiten. Hier finden wir in den unteren Bereichen schwache, labile, oft mit Opferrollen belegte Charaktere, in den mittleren Bereichen meist Kleinunternehmer und Mitläufer, und in den oberen Bereichen die sogenannten „starken Persönlichkeiten" wie Führungspersönlichkeiten, Charismatiker, Staatsmänner, Benefizveranstalter, Großunternehmer, skrupellose Lobbyisten, aber auch diktatorische Machthaber und

Kriegsführer, die ohne den geringsten Gewissensbiss die eigene Art abschlachten können, usw.

Im Erlebensraum des Ichbewusstseins spielt sich unser ganz gewöhnliches Alltagsleben ab. Es ist die Welt der wechselweisen Anspannung und Entspannung, der vorübergehenden Freuden und Leiden, die wir als „Ich" innerhalb unserer Persönlichkeit erleben.

Was immer wir innerhalb dieses Erlebensraumes des Ichbewusstseins und innerhalb unseres Sozialgefüges auch sein mögen, zu sein vorgeben oder zu sein glauben, der letzte Prüfstein wird unser Sterbeprozess sein.

Denn während unseres Sterbeprozesses wird sich unsere Persönlichkeitsstruktur, mit der wir vielleicht ein Leben lang identifiziert waren, auflösen. Die zuvor in der Persönlichkeit gebundenen Bewusstseinsanteile werden frei. Und wenn wir nichts anderes als die Identifikation mit der Persönlichkeit kennen, werden die freiwerdenden Bewusstseinteile nicht wissen, wohin sie sich wenden sollen. Dann wir werden in Panik geraten, wir werden uns sogar an die nicht mehr funktionsfähigen Teile unserer Persönlichkeit klammern, weil wir nichts anderes mehr haben, an dem wir uns festhalten könnten.

Hier wird es darauf ankommen, inwieweit wir im Laufe unseres Lebens einen Schwerpunkt im Zentrum unseres ursprünglich leeren Bewusstseins geschaffen haben, einen Ort, der für die freiwerdenden Bewusstseinsanteile als Gravitationsfeld dient, einen Ort, an dem wir unsere Zuflucht finden können.

Der Erlebensraum des Halbbewusstseins und des Unterbewussten

Dieser Erlebensraum liegt zwischen dem Erlebensraum des Ichbewusstseins und dem Erlebensraum des Unbekannten und Unkennbaren, oder auch zwischen dem „Ich"- Bewusstsein der Persönlichkeit und dem Tod.

Wir bezeichnen den Erlebensraum des Halbbewusstseins als „Halbbewusst", weil er den Rand unseres durch die Persönlichkeit abgegrenzten „Ichs" berührt. Seine Inhalte durchbrechen hin und wieder die Schwachstellen unserer Schutzschilde und können uns aus der Fassung bringen, uns beschämen, erschrecken oder sich auch nebulös in unseren Träumen zeigen.

Der halbbewusste Erlebensraum wird allein durch den beschränkten und abgegrenzten Bewusstseinsradius unseres, von Schutzschilden umgebenen, „Ich"- Bewusstseins geschaffen. Er beinhaltet alle von unserem „Ich" in den Hintergrund gedrängte „unpassende" Gedanken, Gefühle, Neigungen, tierische Instinkte und Triebe der Selbst- und Arterhaltung. In dem am weitest von unserem „Ich"- Bewusstsein entfernten Teil dieses Erlebensraumes liegt auch unser wahres Gewissen begraben[9], welches aus einer inneren Gewissheit hervorgeht, dass das,

---

[9] Siehe auch: Gurdjieff, Georg Iwanowitsch: Beelzebubs Erzählungen für seinen Enkel : eine objektiv unparteiische Kritik des Lebens der Menschen.

was wir einem Anderen antun, wir gleichzeitig auch uns selbst antun, da wir aus dem gleichen Urgrund hervorgegangen und aus dem gleichen Stoff gemacht sind.

Unser echtes Gewissen hat nichts mit unserem anerzogenen Moralkodex zu tun. Dieser gehört nämlich zur Persönlichkeit. Vielmehr stellt unser echtes Gewissen eher einen Störfaktor für unsere Persönlichkeit und unser „Ich" dar, weshalb wir es zu meiden suchen, wo immer wir können. Sobald es uns doch einmal zu nahekommt, wissen wir es durch Selbstrechtfertigungen aller Art gekonnt auszuschalten und es mit unserem anerzogenen Moralkodex zu überdecken.

Dass dieser Erlebensraum sowohl Inhalte tierischen und untermenschlichen Ursprungs als auch Inhalte die zum wahren Menschen und zum Übermenschlichen gehören, enthält, liegt daran, dass sowohl die einen als auch die anderen Inhalte eine Bedrohung für unser „Ich" und unsere persönlichen Interessen darstellen.

Solange die Abgrenzungen unseres „Ichs" und unserer Persönlichkeit intakt sind, bemerken wir meist Garnichts von diesen „unliebsamen" Dingen. Und wenn sie uns doch einmal ergreifen, haben wir gelernt, uns so zu rechtfertigen, dass wir ohne den geringsten Gewissensbiss unser „Leben" weiterleben können, wie bisher.

Ausnahmslos alle Schutzschilde der Persönlichkeit weisen irgendwann oder irgendwo Schwächen auf, sodass wir immer wieder beobachten können, wie nach außen hin aalglatte, hoch geachtete Persönlichkeiten, Puritaner und sogenannte „Saubermänner" oder „Sauberfrauen" sich emotional wie Tiere oder Kleinkinder benehmen, und schlimmer noch, sich in ihren heimlichen Hinterzimmern, durch Korruption, Betrug, sexuelle Übergriffe, Missbrauch, Vergewaltigungen, Folterungen oder dem Anzetteln von Morden und Kriegen usw. als „Menschen" die Hände schmutzig machen, die sie aber immer wieder in „Unschuld" zu waschen wissen.

Ein ganz anderer Prozess, der die Persönlichkeitsstruktur mit ihren Schutzschilden zerstört und einen Menschen mehr und mehr zum Tier werden lassen kann, ist das Sterben eines langsamen Stück für Stück Todes, wie wir es bei der immer häufiger auftretenden Demenz alternder Menschen beobachten können.

Dabei lösen sich die Strukturen und Schutzschilde, die das „Ich" oder die Persönlichkeit abgrenzen und dem Menschen seine sogenannte „Identität" geben, nach und nach auf. In diesem Prozess kann ein Mensch seine „Identität", seine Integrität und seine Autonomie vollständig verlieren.

Das Sterben seiner Persönlichkeit kann seine „andere Seite" soweit in den Vordergrund treten lassen, dass er auf die entwicklungsgeschichtliche Stufe eines Kleinkindes oder Säuglings zurückfällt oder dass er sogar sein Menschsein verliert und auf die Stufe eines Tieres oder sogar darunter fällt, wenn wir bedenken, dass ein Tier durch seine instinktiven Funktionen ein seiner Natur entsprechendes, geregeltes und angepasstes Leben führen kann, was der an schwerer Demenz erkrankte Mensch nicht mehr kann.

Unter den an fortgeschrittener Demenz Erkrankten, die oft in für sie bestimmte Sammelstätten, sprich, in Heimen untergebracht sind, finden wir bemitleidenswerte Gestalten, die ihre Sprache verloren haben und nur noch an Tierschreie erinnernde Laute von sich geben, die mit den Händen aus den Tellern anderer oder aus Abfalleimern essen, die sich ihr Gesicht mit dem Wasser aus Toilettenschüsseln waschen, die auf den Tisch spucken und ihre Spucke dort verreiben, die ihre Notdurft gerade da verrichten, wo sie gehen oder stehen, die ihre Fäkalien in ihren Händen umhertragen und anderen anbieten, die sich und ihre Umgebung mit Kot beschmieren, die gegen Wände oder geschlossene Türen laufen und sich selbst verletzen, die mit Gurten am Stuhl oder Bett fixiert werden müssen, um Selbstverletzungen zu vermeiden, die Seife, Blumengestecke, Servietten, Gummihandschuhe, ihren eigenen Kot oder auch den anderer essen, die von morgens bis abends ständig den gleichen Satz wiederholen, die ständig nach Hause wollen, die immer wieder nach Hilfe schreien, die nur noch mit hohen Dosen sedierender Medikamente in Schach gehalten werden können usw., usw.

Daneben finden wir, oft ebenfalls an Demenz Erkrankte, im Erlebensraum des Halbbewussten hängengebliebene, halb tote Kreaturen des medizinischen „Fortschritts", die, manchmal schon mit teilweise faulenden Gliedern, in ihren Betten dahinsiechen. Um diesen Zustand „wohlwollend" aufrechtzuerhalten, werden sie medizinisch „bestens" mit Medikamenten versorgt. Sollten sie, wie es jeder sterbende Mensch irgendwann tut, aufhören zu essen und zu trinken – die einzige Möglichkeit, die ihnen noch bleibt, diesem Zustand zu entfliehen – dann wird mit allen Mitteln versucht, sie wieder zum Essen und zum Trinken zu ermuntern. Sollte dies nicht zum Erfolg führen, wird nicht selten auch eine Magensonde zur „legitimen" Zwangsernährung gelegt, anstatt der Natur ihren Lauf zu lassen.

Auf diese Weise werden Sterbende, so lange wie möglich, wenn auch „wohlwollend", in den Restfunktionen halb toter Körper und zerbrochener, fragmentierter Persönlichkeitsstrukturen festgehalten. Es sind die im Halbbewussten Erlebensraum oder in der Zwischenwelt hängengebliebenen und festgehaltenen Seelen.

Eine erschreckende Situation, die sich am ehesten mit den Worten „Fegefeuer" oder gar „Hölle" beschreiben lässt.

„Fegefeuer" – weil die mit Bewusstsein versehenen Restteile der Persönlichkeit unter schweren Leiden „eingeschmolzen" werden, damit der erlösende Tod eintreten kann.

„Hölle" – weil dieser Zustand durch standardisierte medizinische und pflegerische „Vorkehrungen" unnötigerweise verlängert wird und es für die Betroffenen keinerlei Perspektiven oder Hoffnungen mehr gibt.

Jede Art der Beschönigung dieser Tatsachen, wie sie von den Vertretern der Persönlichkeitskultur angestrebt wird, ändert nichts an der Wirklichkeit, dass wir, wenn vielleicht auch in einer schön dekorierten Umgebung und medizinisch „gut" versorgt, als zersplitterte, fragmentierte Wesen ein elendes und schreckliches Ende nehmen können.

Die halbbewusste Zwischenwelt liegt zwischen unserem „Ich"-Bewusstsein und unserem Tod. Und weil sich während unseres Sterbeprozesses ausnahmslos alle Schutzschilde der Persönlichkeit und unseres „Ichs" früher oder später auflösen werden, müssen wir das „Finstere Tal" dieser Zwischenwelt mit ihren Abgründen, während unseres Sterbens durchwandern. Gleichgültig, ob wir einen schnellen oder einen langsamen Tod sterben.

Was uns neben einem „wohlwollenden" Sozialgefüge daran hindert, diese halbbewusste Zwischenwelt während unseres Sterbeprozesses zu durchwandern, und was uns darin festhält, ist unsere eigene Furcht vor dem Tod. Diese Furcht entsteht aus unseren Identifikationen mit Besitztümern, mit unserm Körper, unserem Selbsterhaltungstrieb, mit Inhalten der Persönlichkeit, kurz mit allen möglichen vergänglichen Formen, welche uns etwas bedeuten. Ebenso können ungelöste Gewissenskonflikte eine solche Todesfurcht hervorrufen – ein quälender Zustand, in dem ein Mensch das Gefühl hat, noch etwas erledigen zu müssen, aber dazu nicht mehr in der Lage ist.

Wenn wir ganz Mensch werden und einen menschenwürdigen Tod sterben wollen, dann müssen wir uns dem Schrecken dieser Zwischenwelt und auch unserem Gewissen stellen.

Anstatt vor den Tatsachen davonzulaufen, müssen wir unsere Aufmerksamkeit mehr und mehr nach innen richten und uns auf unser ursprüngliches Bewusstsein besinnen.

Wir müssen aufhören zu glauben, dass wir unsere Persönlichkeit oder unser Körper sind.

Wir müssen uns schon zu Lebzeiten hinwenden zum leeren, formlosen Bewusstsein, hin zu unserem wahren Wesen, zu unserem Urgrund, zu unserem wahren Sein. Wir müssen das Formlose, das ungeformte, ursprüngliche Bewusstsein, zu unserem Hauptsitz machen und die Persönlichkeit, wenn wir sie brauchen, zu einem vorübergehenden Nebensitz.

Wir müssen uns hinwenden zum Unbekannten und Unkennbaren. Denn nur so können wir die Abgründe und Schrecken dieser Zwischenwelt unbeschadet überwinden und in Würde sterben.

Im Buch der Psalmen finden wir eine Stelle, die sich sowohl auf das ursprüngliche Bewusstsein als auch auf die Schrecken der halbbewussten Zwischenwelt bezieht:

„Der Herr ist mein Hirte;
Er lagert mich auf grünen Auen, er führt mich zu stillen
Wassern.
Auch wenn ich wandere im Tal des Todesschattens,
fürchte ich kein Unheil, denn du bist bei mir;
dein Stecken und dein Stab,
sie trösten mich.
Nur Güte und Gnade werden mir folgen alle Tage mei-
nes Lebens; und ich kehre zurück ins Haus des HERRN
lebenslang." [10]

Wenn wir hier von einem naiven, kindlichen Glauben ab-
sehen; was anderes könnten der „Herr", der „Hirte", die
„grünen Auen" und die „stillen Wasser" sein, als das ursprüngliche, ungeformte, leere und Eine Bewusstsein?
Und was anderes könnten der „Stecken" und „Stab" sein,
als unsere freie Aufmerksamkeit, die wir als göttliches
Gnadengeschenk erhalten haben und die wir auf das inhaltlose Bewusstsein richten können?

---

[10] Elberfelder Bibel

Der Erlebensraum des Unbekannten und Unkennbaren oder des Überbewussten

Der Erlebensraum des Unbekannten und Unkennbaren ist das „Andere Ufer", das wir betreten, sobald wir als „Ich" und als „Identität" gestorben sind und sich alle Identifikationen mit jedweder Form aufgelöst haben.

„Unbekannt" und „Unkennbar" nennen wir dieses „Andere Ufer", weil wir es nur betreten können, nachdem sich unser „Ich"-Bewusstsein aufgelöst hat und zu etwas Formlosem geworden ist.
Denn die Form kann das Formlose niemals kennen oder verstehen. Das geformte Bewusstsein kann zum Formlosen werden, aber es wird dann nicht mehr das sein, was es war. So wie ein Regentropfen kein Tropfen mehr sein kann, sobald er in den Ozean gefallen ist. Er ist dann Ozean, aber kein Tropfen mehr, der von seinem Ursprung abgetrennt ist.

Als „Ich" können wir niemals unseren Ursprung kennen oder verstehen, obwohl wir daraus hervorgegangen sind und wieder dorthin zurückkehren werden.
Ebenso wenig können wir „Gott" kennen oder verstehen. Er ist das Unkennbare oder das Ewige Fragezeichen. Wir können Formen, Strukturen, Muster, deren Zusammenhänge und Funktionen verstehen. Aber letztendlich

können wir nicht verstehen oder begreifen, warum es einen Urgrund oder „Gott" gibt. Wir können sagen, das Universum ist aus einem Urknall hervorgegangen, und der Urknall aus verdichteter Materie oder Energie. Aber warum gibt es Materie, Energie, Leben, Bewusstsein, warum gibt es einen Urgrund, der selbst keinen Ursprung hat?

Solche Fragen führen uns an die Grenzen unseres Verstandes. Und weil der Verstand Teil unserer Persönlichkeit ist, führen sie uns auch an die Grenzen unserer Persönlichkeit. Wenn wir uns in solche Fragen vertiefen und wir keine Antwort finden, dann werden wir sprachlos und unser ruheloses Denken kann vorübergehend aufhören. In diesem Moment, in welchem wir nicht mehr weiterdenken können und still werden, werden alle Fragen von uns abgefallen sein. Richten wir unsere Aufmerksamkeit auf diese gedankenlose Stille, erhalten wir vielleicht einen ersten Schimmer vom formlosen Bewusstsein und unserem wirklichen Sein, das den unverkennbaren Geschmack von Todlosigkeit in sich trägt. Wir können es nicht verstehen und können es auch niemandem mitteilen. Aber wir können es *sein*.

Wenn wir in diesem Zustand nicht vollständig Stille halten können, wird uns der geringste Gedanke, die geringste emotionale Regung wieder in die Formenwelt unseres „Ich"-Bewusstseins zurückziehen und alles wird bis auf gelegentliche, vage Erinnerungen, die nicht mehr als flüchtige Gedanken sind, wieder vergessen sein.

Dann müssen wir wieder anfangen zu suchen, uns endgültige Fragen stellen, uns in Kontemplation und Meditation üben, bis wir uns irgendwann, ganz unverhofft, wieder in diesem ganz anderen Zustand finden, einem Zustand, den wir im Folgenden den Zustand des All-Eins-Seins nennen wollen.

Weil unser „Ich"-Bewusstsein diesen Zustand des All-Eins-Seins weder kennt noch begreifen kann, können wir ihn auch nicht absichtlich erzeugen. Sollten wir es aber dennoch versuchen, wird es lediglich ein Gedanke oder eine Vorstellung sein, aber nicht dieser Zustand selbst. Unser „Ich"-Bewusstsein kennt nur durch äußere Umstände angestoßene Gedanken, Emotionen, Wünsche und Empfindungen, von denen es sich ernährt und aufrechterhält. Wenn diese Dinge aufhören und stillstehen, steht auch unser „Ich" still und hört auf zu sein. Erst dann kann uns dieser Zustand des All-Eins-Seins widerfahren. Ausschlaggebend dafür ist aber auch, wie lange wir die Stille ertragen können.

Dass wir diesen Zustand nicht absichtlich erzeugen können, bedeutet aber nicht, dass wir nichts dafür tun können, die Wahrscheinlichkeit seines Eintretens zu erhöhen. Wir können nämlich unsere Empfänglichkeit für solche Zustände erhöhen, indem wir bestimmte Anstrengungen unternehmen, um die Schutzschilde unserer Persönlichkeit nach und nach zu lockern und für größere Dinge, als es unser beengtes „Ich" und unsere

Persönlichkeit sind, durchlässig zu machen.

Dazu müssen wir das Wagnis auf uns nehmen, uns regelmäßig an die Grenzen unseres Verstandes und unserer Persönlichkeit zu bewegen:
Wir können uns Fragen nach dem Sinn und Zweck des Daseins stellen.

Wir können uns fragen, *wer* oder *was* ist „Ich", ohne gleich auswendig gelernte Antworten parat zu haben.

Wir können uns die Unvermeidbarkeit unseres Todes ins Gedächtnis rufen und uns klar machen, dass wir eine *vorübergehende* Erscheinung sind.

Wir können uns selbst beobachten, wie wir in Assoziationsmustern von Gedanken und Gefühlen dahintreiben, und *verspüren,* wie wir davon eingenebelt unser Dasein wie im Schlaf verbringen.

Wir können uns sowohl im äußeren als auch im inneren Schweigen üben, weil wir durch sinnloses Geplapper und innere Selbstgespräche unbemerkt große Mengen an Energie verschwenden.

Wir können, wenn möglich, in der dritten Person über uns sprechen, oder zumindest denken.

Wir können uns darin üben, taktile, akustische und visuelle Sinnesreize in einem gegebenen Moment gleichzeitig einströmen zulassen und wahrzunehmen.

Um uns dem ursprünglichen Bewusstsein zu nähern, können wir unsere Aufmerksamkeit auf dieses eine Etwas in uns richten, das diese Dinge beobachtet und verspürt.

Wir können uns täglich an einen stillen Ort begeben, um uns für eine gewisse Zeit der Meditation und der Kontemplation zu widmen.

Eine nähere Beschreibung dieser Methoden findet der Leser im Anhang dieses Buches.

Wir sollten solche Dinge so oft wie möglich, regelmäßig und beharrlich praktizieren, um auf der einen Seite die Durchlässigkeit unsrer Persönlichkeit zu erhöhen und auf der anderen Seite einen Schwer- und Sammelpunkt in unserem innersten, ursprünglichen, formlosen Bewusstsein zu schaffen, damit wir einen Haltepunkt, einen Ort der Zuflucht besitzen, wenn die Schutzschilde unserer Persönlichkeit zerbrechen.

Das Hauptwerkzeug in diesem Prozess ist unsere Aufmerksamkeit. Wo unsere Aufmerksamkeit ist, da sind auch wir. Wird sie von Sinnesreizen aufgesogen, sind wir in den Sinnesreizen; wird sie von Schmerzen aufgesogen, sind wir im Schmerz; wird sie von Handlungen aufgesogen, sind wir im Handeln; wird sie von Gedanken aufgesogen, sind wir in Gedanken; wird sie von Gefühlen oder Emotionen aufgesogen, sind wir in Gefühlen oder Emotionen, usw.

Weil unsere Aufmerksamkeit meist unbeabsichtigt von äußeren Ereignissen oder inneren emotionalen Gegebenheiten aufgesogen wird, bleibt uns nur ein relativ geringer Teil an *freier* Aufmerksamkeit, die wir willentlich und bewusst auf etwas richten können. Diesen freien Teil der Aufmerksamkeit gilt es zu schulen und zu vergrößern, indem wir ihn so oft wie möglich benutzten und unsere Aufmerksamkeit bewusst und absichtlich auf bestimmte Dinge richten.

Wir meinen hier nicht die Konzentration unserer gesamten freien Aufmerksamkeit auf eine einzige Sache, wodurch alles andere ausgeschlossen wird, sondern ein absichtliches Aufteilen der freien Aufmerksamkeit zwischen leerem Bewusstsein auf der einen Seite und Handlungen, Gedanken oder Gefühlen auf der anderen Seite.

Das heißt: Während wir zum Beispiel eine Handlung ausführen, können wir einen Teil unserer freien Aufmerksamkeit auf die Handlung selbst richten und den restlichen Teil auf das wahrnehmende, leere Bewusstsein. Das Gleiche gilt für unsere Sinneswahrnehmungen sowie für gedankliche und emotionale Abläufe.

In der Lehre Gurdjieff's[11] wird dieser Vorgang „Selbsterinnern" genannt.

Li Hongzhi[12], der Begründer von Falun Dafa, sagt, man sollte beim Ausführen der gelehrten Chi Gong Übungen

---

[11] Nicoll, Maurice: Psychological Commentaries on the Teaching of Gurdjieff and Ouspensky.

[12] Hongzhi, Li: Zhuan Falun (Deutsche Version) – Good Spirit Verlag, 2015.

stets wissen, dass man selbst es ist, der die Übung ausführt.

Aufmerksamkeit ist eine Art innere Nahrung, womit wir das nähren, worauf wir sie richten.
Richten wir die Aufmerksamkeit nur auf äußere Dinge, Gedanken und Emotionen, verbraucht sich unser ursprüngliches Bewusstsein und unsere Lebensenergie in diesen Dingen.
Indem wir jedoch einen Teil unsrer freien Aufmerksamkeit an das leere Bewusstsein heften, kommt es zu einem Rückfluss der Energie, wodurch es genährt wird. Im Laufe der Zeit kommt es dann zur Sammlung dieser Energie im leeren Bewusstsein und zur Auskristallisierung eines Schwerpunktes, aus dem unser wirkliches SEIN hervorgeht.

Beim Praktizieren von Methoden zur Erhöhung unserer Empfänglichkeit für den Zustand des All-Eins-Seins und zur Schaffung eines Schwerpunktes im leeren, formlosen Bewusstsein, sollten wir immer auf die richtige Ausführung der angewendeten Methode achten, um keine falschen Ergebnisse zu erzielen.
Richtige Ausführung bedeutet immer das ursprüngliche, leere Bewusstsein mit einzubeziehen. Denn nur so können wir die Grenzen unseres „Ichs", der Persönlichkeit und des Körpers mit seinen angeborenen Trieben und Instinkten überschreiten.
Wenn wir beispielsweise Yoga, Chi Gong, Tai-Chi oder

Ähnliches praktizieren und dabei vergessen, einen Teil unserer Aufmerksamkeit im leeren Bewusstsein zu halten, wird daraus nicht mehr als eine gymnastische Übung. Dies mag zwar einen günstigen Einfluss auf unsere körperliche Gesundheit haben, aber es wird uns nicht über die Grenzen unserer Persönlichkeit und unseres „Ich"-Bewusstseins hinausführen. Es wird ein falsches und entartetes Yoga, Chi Gong oder Tai-Chi sein, welches nicht der spirituellen Transformation, sondern der einseitigen Stärkung von Persönlichkeitsinhalten und der Persönlichkeitskultur dient.

Mit der Selbstbeobachtung verhält es sich ebenso. Wenn wir zum Beispiel ein Verhaltensmuster der Persönlichkeit von unserem Verstand oder unserem „Ich"-Bewusstsein aus betrachten, dann bewegen wir uns innerhalb der Persönlichkeit, was unsere Betrachtung immer mit einer Beurteilung oder Verurteilung behaften wird. Diese Beurteilung wird das Betrachtete dann im Sinne persönlicher Vorlieben und Abneigungen so verzerren, dass es in unsere *bekannte,* „Ich"-bewusste Welt passt.

Betrachten wir hingegen etwas aus dem leeren, formlosen Bewusstsein heraus, gibt es weder eine Beurteilung noch eine Verurteilung des Betrachteten und es kommt zu einem klaren, unmittelbaren, umfassenden und unverzerrten Seins Eindruck, der uns die Tür zu etwas öffnen kann, das unserem „Ich"-Bewusstsein vollkommen *unbekannt* ist.

Eine falsche Anwendung jedweder Methode führt

lediglich zu einer weiteren Ausschmückung unserer Persönlichkeit und hält uns in unserer bekannten „Ich"-bewussten Welt fest. Falsche Anwendung hindert uns daran, das Unbekannte zu betreten, wofür diese Methoden ursprünglich gedacht waren.

Eine weitere Hürde, in unseren Bemühungen, uns dem Unbekannten zu nähern, ist das Erwarten von Ergebnissen. Denn jede Erwartungshaltung wird uns innerhalb der Persönlichkeit und unseres „Ich"-Bewusstseins festhalten.

Ferner sollten wir uns auch noch dessen bewusst sein, dass, wann immer wir in einen Zustand des All-Eins-Seins gelangen, Persönlichkeitsinhalte wie Ehrgeiz, Stolz, Eitelkeit usw., versuchen werden, sich diesem Zustand anzuheften, um unser Selbstbild damit auszuschmücken und diesen Zustand unserem „Ich" zuzuschreiben, womit wir ihn aber sofort – und oft unbemerkt – auch wieder verlieren, während wir uns selbst zu unserem „Erfolg" beglückwünschen. So wird, im wahrsten Sinne des Wortes, unser wirkliches SEIN *vereitelt*.

Der Erlebensraum des Unbekannten und Unkennbaren, das heißt, unser ursprüngliches, allumfassendes und alles durchdringende Bewusstsein ist immer da. Nur für unser abgegrenztes „Ich" existiert es nicht.

Zum Abschluss dieses Kapitels wollen wir hier noch den Zustand eines ganz gewordenen Menschen oder eines

Menschen, der sich in tiefer Meditation befindet und dessen Schwerpunkt im formlosen Bewusstsein liegt, kurz beschreiben:

Mit der Verschiebung des Schwerpunktes ins formlose Bewusstsein haben sich die Identifikationen mit einzelnen Prägungen und Rollen der Persönlichkeit aufgelöst. Körper und Persönlichkeit sind durchlässig geworden. Der nach außen und nach innen fließende Energiestrom ist ins Gleichgewicht gekommen. Ein Energiekreislauf hat sich gebildet, was als unaufhörliches Strömen empfunden werden kann. Das Bewusstsein ist umfassend geworden. Es befindet sich gleichzeitig innerhalb und außerhalb des Körpers und der Persönlichkeit. Es durchdringt Körper und Persönlichkeit gleichermaßen und umgibt diese. Das Körperempfinden endet nicht mehr an der Hautoberfläche, sondern die gesamte materielle Umgebung, in die wir eingebettet sind, wird als *ein* vom Bewusstsein durchdrungener Körper empfunden. Betrachter und Betrachtetes sind *eins* geworden. Ein Zustand des All-Eins-Seins.

Über die wahre Würde des Menschen

„Würde": ... ein gewichtiges Wort, schwer zu verstehen, gewichtig in seiner Bedeutung!

Dennoch ist es eines der Worte, welche wir oft achtlos benutzen, ohne jemals über deren wirkliche Bedeutung nachgedacht zu haben.

Wir sagen zum Beispiel: „Die Würde des Menschen ist unantastbar." Was meinen wir denn damit? Meinen wir damit, dass seine Würde von allem, was immer er auch tun mag, unberührt bleibt, auch dann, wenn er Menschenunwürdiges tut oder er sogar seine Menschlichkeit verloren hat? Halten wir mit solchen Aussagen vielleicht den selbstberuhigenden Glauben aufrecht, dass wir unser Menschsein und unsere Menschlichkeit niemals verlieren können? Ist es lediglich eine Floskel, die von Persönlichkeitskultfiguren in das Grundgesetz eingefügt wurde, um uns und ihnen selbst Glauben zu machen, wir würden von vornherein, ohne unser Zutun, von der Geburt bis zum Tod Menschenwürde besitzen? Oder ist es eine Aufforderung, anderen Menschen gegenüber respektvoll zu sein? Bräuchten wir eine solche Aufforderung überhaupt, wenn wir wahre Menschenwürde besäßen?

Oder müssten wir vielmehr sagen: „Die Würde des Menschen ist unantastbar, sofern er überhaupt wahre Menschenwürde besitzt"?

Denn solange er keine wahre Menschenwürde besitzt, bleibt seine „unantastbare Würde" etwas rein Imaginäres, das als solches natürlich ebenfalls „unantastbar" ist, weil es nämlich gar nicht existiert.

Wir müssen uns also fragen: Was ist wahre Würde? Und insbesondere, was ist wahre Menschenwürde? Wenn wir das beantwortet haben, müssen wir uns auch noch fragen, ob wir wahre Menschenwürde bereits von vornherein besitzen, oder ob wir sie erst erlangen müssen; ob wir erst wirklich Mensch werden müssen, bevor wir sie erlangen können?

Im Rahmen seiner eigenen Natur besitzt jedes Lebewesen eine *Natürliche Würde*, im Sinne von *Daseinswert* und dem Recht auf *Unversehrtheit* seiner eigenen Natur.
So besitzt nicht nur der Mensch, sondern auch jede Pflanze und jedes Tier, gemäß seiner eigenen Natur, seine natürliche Würde. Verliert ein Wesen den Kontakt zu seiner eigenen Natur oder wird es aus seiner natürlichen Umgebung herausgerissen, wird ihm damit auch seine naturgegebene Würde genommen.

Die Wesensnatur eines Tieres ist gegenüber der des Menschen relativ unkompliziert. Deshalb kann ein Tier nicht anders als immer nur *authentisch* zu sein, und deshalb kann es auch den Kontakt zu seiner Wesensnatur nicht so leicht verlieren. Es sei denn, wir berauben ihm seiner natürlichen Umgebung, sodass seine Wesensnatur verkümmert.

Ein Tier *ist* seine Wesensnatur: Eine Katze bleibt immer eine Katze, ein Pferd bleibt immer ein Pferd usw. Trotzdem können wir dem Tier seiner Würde berauben, wenn wir es zum Beispiel in einem Zoo oder in einer Einrichtung für Massentierhaltung einsperren oder es quälen, usw.

Beim Menschen hingegen stellt sich die Sache etwas komplexer dar:

„… Und Jesus sprach zu ihm: Die Füchse haben Gruben, und die Vögel unter dem Himmel haben Nester; aber der Menschensohn hat nichts, wo er sein Haupt hinlege." (Matthäus 8, 20)

Friedrich Nietzsches Zarathustra sagt: „Was groß ist am Menschen, das ist, daß er eine Brücke und kein Zweck ist: was geliebt werden kann am Menschen, das ist, daß er ein *Übergang* und ein *Untergang* ist."[13]

Weil nämlich die wahre Wesensnatur des Menschen im leeren, formlosen Bewusstsein liegt, kann er im Grunde jedwede Form annehmen, sich damit identifizieren und die entsprechende Form als seine „Identität" annehmen. Die Rangweite solcher „Identitäten" reicht vom vegetativen Organismus über tierische Instinkte, Triebe, allen möglichen Rollen des Soziallebens und der

---

[13] Nietzsche, Friedrich: Also sprach Zarathustra.

Persönlichkeit bis hin zu einem geeinten, allumfassenden, göttlichen Bewusstsein.

Aus dieser Tatsache erklärt sich auch, dass wir in der Psyche des Menschen Verhaltensweisen verschiedenster Tierarten finden können, und dass sich der Mensch im Unterschied zum Tier sehr leicht von seiner wahren Wesensnatur und damit auch von seiner Menschenwürde entfernen kann.

Der Mensch kann seine wahre Wesensnatur, seine *Authentizität* sehr leicht verlieren und zu einer „*Identität*" werden, die mit seiner wahren Wesensnatur nicht mehr viel zu tun hat. Er fällt dann von seiner wahren Natur und seiner natürlichen Würde ab und erlangt innerhalb seiner Persönlichkeitskultur und seines Sozialgefüges eine imaginäre Scheinwürde. Das Wesen Mensch selbst und seine wahre Würde pervertieren so zu einer künstlichen und unechten Erscheinung.

Ein Tummelplatz solcher unechten und künstlichen „würdevollen" Erscheinungen ist die Persönlichkeitskultur, in welcher jede Persönlichkeit zwar ihre imaginäre „Identität" und „Würde" besitzt, aber die Authentizität des Menschen und seine echte Menschenwürde sind verloren gegangen.

Da der Mensch in eine Persönlichkeitskultur hineingeboren wird und daher nichts anderes als diese kennenlernt, beginnt er seine Persönlichkeit für sein „wahres Wesen" zu halten. Er erwirbt so, neben seiner tierischen Natur auf der einen und seiner wahren Menschennatur auf der anderen Seite, eine dritte Natur – oder Zwischennatur – mit einer falschen „Authentizität" und einer künstlichen „Menschenwürde".

Seine „Würde" entspricht dann, wenn überhaupt, eher der Würde eines Tieres. Und weil seine „Authentizität" falsch ist, kann er möglicherweise sogar weniger Würde als ein Tier besitzen.

Ein Mensch kann also drei Arten der Würde besitzen: Die Würde eines Tieres. Eine künstliche, nur in seiner Einbildung existierende Würde seiner Persönlichkeit oder Scheinidentität. Und die Würde eines wahren Menschen. Die Unantastbarkeit trifft aber nur für Letzteres zu.

Im Folgenden werden wir sehen, dass echte Menschenwürde weit über die Würde eines Tieres oder der Persönlichkeit hinausreicht und nur dem wahren, ganz gewordenen Menschen eigen sein kann.

Echte Menschenwürde beinhaltet nämlich:
Aufrichtigkeit.
Wertschätzung.
Gewissen und Mitgefühl.
Selbstbestimmung.
Integrität, und letztendlich:
ERHABENHEIT.

Wirkliche, wahre Menschenwürde kann daher nicht in der Persönlichkeit liegen, weil die Persönlichkeit lediglich ein mechanisierter Anpassungsapparat an unsere Umgebung ist.

Echte Menschenwürde kann nur im Bewusstsein, in der wahren Wesensnatur des Menschen liegen!

Denn:

Aufrichtigkeit, Wertschätzung, Gewissen, Mitgefühl, Selbstbestimmung, Integrität und Erhabenheit sind *nur* im *Bewusstsein* möglich.

Dabei dürfen wir Aufrichtigkeit nicht mit einer auf Halbwahrheiten beruhenden „Ehrlichkeit" der Persönlichkeit verwechseln, die vorwiegend dazu dient, unser idealisiertes Selbstbild aufrechtzuerhalten und lediglich eine subjektive, verzerrte „Wahrheit" zu Ausdruck bringt. Denn wirkliche Aufrichtigkeit findet außerhalb der Persönlichkeit, im Bewusstsein statt und steht immer in Beziehung zu unsrer wahren Wesensnatur, dem ungeformten Bewusstsein.

Aufrichtigkeit bedeutet dann in erster Linie Ehrlichkeit und Wahrhaftigkeit uns selbst gegenüber. Es bedeutet zu erkennen, wenn wir uns Selbst und Andere belügen, wenn wir zu sein glauben, was wir nicht sind, wenn wir uns selbst Dinge wie „freien Willen", „Selbstbewusstsein", „Selbstbestimmung" und „Freiheit" zuschreiben, obwohl wir sie nicht besitzen. Es bedeutet unsere Schwächen und unsere Identifikationen zu sehen, sie zu erleiden, zu ertragen und ihnen standzuhalten, ohne sie zu rechtfertigen. Es bedeutet in unserer Wesensnatur, *im Leeren Bewusstsein* den Freuden, Leiden und Widrigkeiten des Lebens und unserer Persönlichkeit gegenüber *Aufrecht* zu stehen und, wenn diese uns beugen, uns in unserer Wesensnatur auch immer wieder *aufzurichten*. Kurz: Es bedeutet, uns Selbst, dem Leben und dem Tod *aufrecht gegenüberzustehen*!

Wertschätzung dürfen wir nicht mit persönlichen oder kulturellen Werten verwechseln. Solche Werte können nämlich so unterschiedlich sein, dass ihre Bandbreiten von Perversionen bis hin zu Heldentaten reichen. Wertschätzung bedeutet hier, die Respektierung und Achtung des Daseins, einschließlich des Daseins anderer Wesen. Und weil das Dasein auch den Tod beinhaltet, bedeutet es auch die Wertschätzung, Respektierung und Achtung des Todes!

Gewissen meint hier nicht den Moralkodex der Persönlichkeit, der ihr innerhalb eines Sozialgefüges durch Erziehung oder Konditionierung eingeprägt wurde und nicht mehr als einen konditionierten, mechanisch-moralischen Reflex darstellt. Dieser konditionierte, mechanisch-moralische Reflex, der auf einer gewissen Furcht vor Strafe, auf erhoffte Belohnung, auf Schuldgefühlen sowie dem Wunsch nach Lob und Anerkennung beruht, mag zwar als eine Art Ersatzgewissen dienen, um ein möglichst reibungsloses Zusammenleben innerhalb eines Sozialgefüges zu ermöglichen, hat aber mit echtem Gewissen, von dem wir hier sprechen, nichts zu tun. Zumal es innerhalb unterschiedlicher Sozialgefüge auch unterschiedliche, oft unvereinbare Moralkodexe gibt. So kann das Edelste und Wünschenswerteste des einen Sozialgefüges das Unedelste und Verabscheuungswürdigste eines anderen Sozialgefüges sein.

Echtes Gewissen hingegen beruht auf der tiefen Erkenntnis, dass alle Wesen gleichen Ursprungs und aus einem einzigen Urgrund hervorgegangen sind. Echtes Gewissen ist *die Gewissheit der Einheit alles Seienden* – gleichgültig wie gegensätzlich, unterschiedlich und unvereinbar uns manche Dinge an der Oberfläche des Seins auch erscheinen mögen. In der Tiefe des Seins sind nämlich alle an der Oberfläche als getrennt erscheinende Gegensätze miteinander verbunden, wie etwa die Ufer eines Flusses am Grund des Flusses miteinander verbunden sind.

Echtes Mitgefühl geht aus echtem Gewissen hervor und entspricht der Fähigkeit, sich in die Lage anderer Wesen versetzen zu können. Geht unser „Mitgefühl" nicht aus echtem Gewissen, sondern aus der Persönlichkeit hervor, dann ist es eher eine Art des nach außen projizierten Selbstmitleids, das wir als „Mitleid" oder „Mitgefühl" empfinden und das von unserer persönlichen Sympathie oder Antipathie abhängig ist. Letztendlich geht echtes Mitgefühl aus der Tatsache hervor, dass das eine ursprüngliche Bewusstsein durch die Entstehung der Existenz in Gegensätze aufgespalten wurde und jetzt in sich widerstreitenden und begrenzten Formen das Getrenntsein von seinem Einen Urgrund erleiden muss.

Selbstbestimmung dürfen wir, in Zusammenhang mit Würde, nicht mit persönlichem Eigenwillen verwechseln. Eigenwille gehört zur Persönlichkeit und entsteht durch die Vorherrschaft einzelner Persönlichkeitsteile. Er entsteht aus Wünschen, Vorlieben und Abneigungen der Persönlichkeit und wird von Umgebungseinflüssen sowie den Prägungen der Persönlichkeit geregelt.

Wirkliche Selbstbestimmung hingegen ist bedingungslos! Denn jede an eine Bedingung geknüpfte „Selbstbestimmung" wäre durch eben diese Bedingung *fremdbestimmt* – also *unfreiwillig.*

Selbstbestimmung heißt: freiwillig seiner *Bestimmung* zu folgen, sich auf die natürlichen, unumstößlichen Gegebenheiten des Daseins *einzustimmen* und sie zu *wollen*! Und das bedeutet letztendlich auch: Den Tod zu *wollen,* wenn die Zeit dafür gekommen ist!

Ein würdevolles Sterben ist in dieser Hinsicht also nur möglich, wenn ein Mensch seinen Tod auch *wollen* kann, sobald seine Zeit gekommen ist! *Selbstbestimmung ist freier, unbedingter Wille!*

Integrität bedeutet hier nicht ein Eingebunden Sein in soziale Strukturen beruflicher, kultureller oder familiärer Art. Dies gehört zur Persönlichkeit.

Integrität in Zusammenhang mit Würde bedeutet vielmehr, ein inneres, alle Gegensätze umfassendes *Ganz Sein,* eine *innere Individualität* im Sinne von *Unteilbarkeit* zu besitzen.

Erhabenheit dürfen wir nicht mit Anmaßung, Arroganz oder Überheblichkeit verwechseln. Denn Anmaßung und Überheblichkeit entstehen, wenn sich einzelne Persönlichkeitsteile verselbstständigen und sich anmaßen, über andere zu stehen oder besser zu sein als andere.
Erhabenheit bedeutet vielmehr, ein *über* dem Körper und *über* der Persönlichkeit Stehen, ein inneres Losgelöst Sein des Bewusstseins von Körper und Persönlichkeit!

Alle diese Tugenden sind Bestandteil echter Menschenwürde. Solange wir diese Tugenden nicht besitzen, besitzen wir auch keine wahre Menschenwürde.

Wir können hier auch sehen, wie diese dem *wahren Menschen* zugehörenden Tugenden innerhalb der „Ich"-bewussten Persönlichkeit degradiert werden und sich in ihr Gegenteil wandeln:
Aufrichtigkeit wird zu einer falschen „Ehrlichkeit", weil die Persönlichkeit nur Teilaspekte der Wirklichkeit erkennen kann.

Wertschätzung wird zur Wertung, zur Bewertung, zur Beurteilung und schließlich zur Verurteilung.

Gewissen wird zur anerzogenen, mechanisch-moralischen Instanz.

Mitgefühl wird zu Selbstmitleid, das zwar zu einer Art sentimentaler Fürsorglichkeit werden kann, aber mit wirklichem Mitgefühl nichts mehr zu tun hat.

Selbstbestimmung wird zum Eigensinn einzelner Vorlieben und Abneigungen der Persönlichkeit.

Integrität wird zum Eingebunden Sein in soziale Strukturen, in denen sich unser inneres Ganz Sein in persönlichen Äußerlichkeiten verliert.

Erhabenheit wird innerhalb der Persönlichkeit zur Anmaßung, Arroganz und Überheblichkeit.

Aus dem bisher gesagten können wir nun gewisse Schlussfolgerungen ziehen:

Die wahre Würde des Menschen ist keine soziale Angelegenheit, sondern sie ist *individual*, im Sinne von *unteilbar* und *nicht übertragbar*, sie ist eine Eigenschaft des tiefsten, innersten Wesens des Menschen und als solche ist sie wirklich *unantastbar!*

Echte Menschenwürde ist ein erstrebenswertes, hohes Gut, das nur wenige besitzen! Sie ist, wenn man so will, ein göttliches Attribut.

Nur wenn ein Mensch *bewusst* und *willentlich* stirbt, kann er menschenwürdig sterben!

Wenn wir den Menschen als einen Übergang zwischen Tierwelt und höherem Bewusstsein begreifen, dann kann er auch verschiedene Arten der Würde besitzen:

Liegt sein Hauptschwerpunkt im ungeformten Bewusstsein, besitzt er echte Menschenwürde oder überpersönliche Würde.

Liegt sein Hauptschwerpunkt in der Persönlichkeit, besitzt er persönliche Würde, die im Vergleich zur echten Menschenwürde eine Scheinwürde ist. Sie kann der echten Menschenwürde dem Anschein nach ähneln, ist aber nicht authentisch.

Unterhalb seiner persönlichen Scheinwürde liegen die tierischen Instinkte und Triebe seines Körpers, die der Selbst- und Arterhaltung dienen. Hier besitzt er noch die Würde eines Tieres.

Sobald aber im Laufe späterer Degenerationsprozesse innerhalb seines Lebenskreislaufs sowohl die Funktionen seiner Persönlichkeit als auch die Funktionen seiner tierischen Instinkte verloren gegangen sind, sodass er zum Beispiel seinen Kot nicht mehr von Nahrung unterscheiden kann oder gegen Wände läuft und sich selbst verletzt, usw. dann ist er unterhalb der Würde eines Tieres gefallen. Dann ist er würdelos geworden.

Letzteres soll aber nicht bedeuten, dass wir einem solchen Wesen gegenüber unmenschlich werden sollten. Denn damit würden wir von unserer eigenen Würde abfallen, auch wenn es sich dabei lediglich um unsere persönliche Scheinwürde handeln sollte.

Vielmehr sollten wir hier der Natur mitfühlend ihren Lauf lassen, anstatt einen solchen menschenunwürdigen Zustand mit allen zur Verfügung stehenden medizinischen und pflegerischen Mitteln solange wie möglich aufrechtzuerhalten, wie es in unserem vom Persönlichkeitskult geprägten Sozialgefüge enthusiastisch praktiziert wird.

Ein Mensch kann also sehr leicht unterhalb seiner Würde, fallen oder sie auch verlieren:

- Wenn er sich durch den Einfluss der Persönlichkeitskultur von seiner wahren Wesensnatur entfernt und diese vergisst.
- Wenn er ein falsches Selbstbild erwirbt und er ganz den Neigungen seines tierischen Organismus und seiner Persönlichkeit verfällt.
- Wenn sich im Laufe seines Lebens Persönlichkeitsstrukturen durch Identifikation mit diesen so stark kristallisiert und verselbstständigt haben, dass sie um jeden Preis überleben wollen.
- Wenn er dement wird und seine innere Integrität verliert.
- Wenn medizinisches Spezialistentum einzelne Teile seines Organismus und seiner Persönlichkeit am Leben erhält, während andere sterben oder schon gestorben sind.

Ein Mensch kann aber auch seine wahre Menschwürde, wenn auch oft unter schwerem Leid, wiedergewinnen:

- Wenn während seines Sterbeprozesses sein falsches Selbstbild zerbricht und er dabei einen Haltepunkt im formlosen Bewusstsein findet.
- Wenn während seines Sterbeprozesses die kristallisierten Teile seiner Persönlichkeit dekristallisieren und die freiwerdenden Bewusstseinsteile einen Sammelpunkt

im ungeformten Bewusstsein finden.

- Wenn ihm medizinisch, pflegerisch und spirituell geholfen wird, als ganzer Mensch zu sterben.
- Wenn er im Laufe seines Lebens lernt, seinen Schwerpunkt von der Persönlichkeit ins formlose Bewusstsein zu verlagern.

Manche Menschen können ihre Menschenwürde erst gegen Ende ihres Sterbeprozesses im Todeskampf wiedererlangen, wenn nach vollkommener Dekristallisation ihrer zuvor kristallisierten Persönlichkeitsstrukturen eine vollständige und *bewusste* Verklärung einsetzt.

Um dies zu verstehen, müssen wir wissen, dass der Todeskampf in der Endphase des Sterbeprozesses regelmäßig auftritt und wir ihn alle durchlaufen müssen. Er kommt im Wesentlichen durch die in unserem Organismus verankerten Mechanismen der Selbsterhaltung und durch die Auflösung der Identifikationen des Bewusstseins mit Teilen der Persönlichkeit und des Körpers zustande. Er stellt eine Art Übergangs- und Ablösungsphase dar, ähnlich wie wir sie bei unserer Geburt durchlebten, als wir mit ungeheurem Druck durch den Geburtskanal gepresst wurden und auf äußerste Anspannung, mit unserem ersten Atemzug und ersten Schrei, die Entspannung folgte. Und ebenso, wie sich der Geburtsprozess über kürzere oder längere Zeit mit mehr oder weniger Qualen erstrecken kann, kann sich auch der

Todeskampf mit mehr oder weniger Qualen über einen kürzeren oder längeren Zeitraum erstrecken.

Wir können den Todeskampf als rückläufigen Prozess der Geburt betrachten:

Bei der Geburt tritt das Bewusstsein, das im Mutterleib Form angenommen hat, verkörpert in die Welt ein.

Im Todeskampf tritt es am anderen Ende seines Lebenskreislaufs, entkörpert wieder aus der Welt aus.

Beide Prozesse sind während ihrer Übergangsphasen mit Qualen verbunden.

Während des Todeskampfes lösen sich die noch am Körper und an der Persönlichkeit haftende Fragmente des Bewusstseins ab, um sich im Formlosen zu sammeln. Sobald dieser Prozess *vollständig* ist, tritt das ein, was wir *Verklärung* nennen. Das Bewusstsein ist still, inhaltlos und *klar* geworden. Es wird nicht mehr durch Inhalte oder Anhaftungen getrübt. Es folgt eine tiefe Entspannung und Gelöstheit, auch wenn Atmung und Herzschlag noch für einige Zeit weiter gehen. Wir können diesen Zustand an der gelösten Gesichtsmuskulatur und einer Ehrfurcht gebietenden, fast berührbaren Stille erkennen, die den Sterbenden umgibt.

Wird dieser Prozess der vollständigen Verklärung *bewusst* erlebt und haben sich *alle* Bewusstseinsfragmente komplett von Körper und Persönlichkeit gelöst, erlangt der Mensch auch seine echte Menschenwürde mit all den dazugehörigen Tugenden, wieder:

Aufrichtigkeit, weil er durch den Kontakt mit seiner wahren Natur wieder authentisch geworden ist.

Wertschätzung, weil ihm das Wunder des Seins bewusst wird.

Gewissen und Mitgefühl, weil sie Attribute des geeinten Bewusstseins sind.

Selbstbestimmung, weil er mit seinem innersten Wesen *stimmig* geworden ist, weil seine Bestimmung erfüllt ist.

Integrität, weil er wieder zu einer Ganzheit geworden ist.

Erhabenheit, weil sich sein Bewusstsein über Körper und Persönlichkeit zu seiner wahren Natur erhoben hat.

Die Voraussetzung für solch einen wirklich menschenwürdigen Tod ist das Vorhandensein eines Gravitationsfeldes im leeren Bewusstsein während des Todeskampfes, damit die noch an Persönlichkeit und Körper haftenden Bewusstseinsfragmente einen Sammelpunkt finden und sich vollständig aus ihren Anhaftungen am Körper und an Formen lösen können. Ansonsten bleibt die Verklärung unvollständig, weil sie von ungelösten Anhaftungen getrübt wird.

Das Ausmaß der Qualen während des Todeskampfes ist von der Stärke der Anhaftungen des Bewusstseins am Körper, an Formen und Dingen abhängig. Dazu gehören zum Beispiel Dinge, die noch erledigt werden müssten, aber nicht mehr erledigt werden können, Gewissenskonflikte, zurückbleibende Personen, Strukturen der Persönlichkeit und Instinkte der Selbsterhaltung, usw. Die daraus entstehenden Qualen können so unerträglich werden, dass der Mensch im Todeskampf das Bewusstsein verliert und einen unbewussten Tod stirbt.

Der Todeskampf ist im Grunde ein Kampf zwischen den Anhaftungen und dem formlosen Bewusstsein.

Sind die Anhaftungen stärker als das Gravitationsfeld im formlosen Bewusstsein, bleiben Bewusstseinsteile *ungelöst* an ihren Anhaftungsobjekten hängen, während der Sterbeprozess unaufhaltsam fortschreitet, bis schließlich der Tod eintritt, ohne dass es zu einer vollständigen Loslösung des Bewusstseins kommt. Und damit bleibt auch die Verklärung unvollständig.

Der Mensch stirbt dann *ungelöst* in einem Zustand innerer Anspannung, und der Todeskampf setzt sich bis zum letzten Atemzug fort.

Bei manchen Menschen können wir dann auch nach Eintritt des Todes noch einen leidvollen Gesichtsausdruck erkennen, und den toten Körper umgibt eine spürbare Atmosphäre der Seelenqual und der Traurigkeit.

Einen solchen Tod als würdevoll zu bezeichnen, wäre eine Verkennung der Tatsachen.

An dieser Stelle stellt sich nun die Frage: Was geschieht denn mit den nicht abgelösten Bewusstseins- oder Seelenteilen, wenn der Körper und mit ihm auch die Persönlichkeit gestorben ist?

Wenn wir annehmen, dass das ursprüngliche Bewusstsein, so wie wir es in tiefer Meditation erfahren können, etwas Zeitloses oder außerhalb der Zeit liegendes ist, dann ist es durchaus vorstellbar, dass ungelöste Bewusstseinsteile, wenn ihnen ihre Form durch den Tod des Körpers und der Persönlichkeit weggenommen wird, zu einer Art Schemen werden, die danach trachten, sich wieder zu verkörpern und nach dem Prinzip „Gleich und Gleich gesellt sich gern" in einen neuen Mutterleib eingehen, um in einem Embryo eine neue Verkörperung anzunehmen.[14] Karmische Verstrickungen mögen hier ebenfalls eine Rolle spielen.

Wir können annehmen, dass die ungelösten Bewusstseinsteile eine Art Quantensprung vollziehen, indem sie beim Tod des Körpers und der Persönlichkeit von einem Ort und aus einer Zeit verschwinden, um an einer anderen Stelle, an einem anderen Ort, in einer anderen Zeit, in einem anderen Körper mit einer neuen (alten) Persönlichkeit wieder aufzutauchen.

So gesehen können wir davon ausgehen, dass die geklärten und gelösten Bewusstseinsteile wieder in ihren Einen, zeitlosen Urgrund eingehen, während die ungelösten, ungeklärten und haftenden Teile wieder in neue Lebenskreisläufe einfließen und den Prozess des Sterbens und Geborenwerdens so oft wiederholen müssen, bis auch sie geklärt sind und sich von jedweder Form lösen können, um ebenfalls in ihren Einen Urgrund einzugehen.

Die vollständig gelösten und verklärten Bewusstseinsteile

---

[14] Siehe auch: Evans-Wentz, Walter Y.; Göpfert-March, Louise: Das tibetanische Totenbuch

sind dessen *würdig* geworden, sich über das Leben und den Tod zu erheben. Hat ein Mensch im Laufe seines Lebens wahre Menschenwürde erlangt und ist das Gravitationsfeld im ursprünglichen, formlosen Bewusstsein stark genug, um alle Bewusstseinsteile eines Menschen in sich zu vereinigen, dann erhebt er sich als Ganzes über Leben und Tod und muss nicht mehr in den ewigen Kreislauf von Geburt und Tod eintauchen.

Es sind die Würdigen und Erhabenen, die als Unsterbliche in ihren Einen Urgrund eingehen können.

Würdig sind sie, weil ihr Bewusstsein von allen Formen, „Identitäten" und Identifikationen gelöst ist.
Erhaben sind sie, weil sie sich über Körper und Persönlichkeit sowie über Leben und Tod erhoben haben.
Unsterblich sind sie, weil sie die Zeit verlassen haben und somit dem Wandel nicht mehr unterworfen sind.
Sie sind, bildlich gesprochen, zur Nabe des Lebensrades geworden, das sich unaufhörlich weiterdreht, während sie selbst stillstehen. Während sich der ewige Wandel zwischen den getrennten Gegensätzen, zwischen Leben und Tod an der Oberfläche ihres Seins vollzieht, sind Leben und Tod sowie alle Gegensatzpaare in ihnen zu einer einzigen Einheit geworden und zum Stillstand gekommen.

Vom spirituellen Standpunkt aus ist Leben an sich nicht etwas unbedingt Erstrebenswertes. Es ist ein ständiger Kampf der getrennten Gegensätze und daher immer mit

Leiden verbunden. Für sich alleine genommen ist Leben sinnloses Leid.

Erst wenn es zum Mittel und Zweck wird, wenn wir es nutzen, um unsere wahre Menschenwürde zu erlangen, machen sowohl das Leben, der Tod als auch die damit verbundenen Leiden für uns Menschen einen Sinn, der in der Rückführung des in getrennten Gegensätzen verkörperten Bewusstseins zu seiner ursprünglichen Einheit liegt. Dann werden die Leiden des Lebens zur treibenden Kraft, unsere ursprüngliche Einheit zu suchen.

Das Wunder des Lebens

Wenn wir das Wunder des Lebens und dessen Bedeutung besser verstehen wollen, dann müssen wir es in seinen größeren kosmischen Zusammenhängen betrachten. Wir müssen eine Vorstellung von dem bekommen, was vorher war und was nachher sein wird, woraus es hervorgegangen ist und was sein Ende sein wird, oder zwischen was es als allkosmische Prozessabfolge eingebaut ist. Wir dürfen „Leben" nicht nur auf zelluläre, pflanzliche, tierische und menschliche Organismen beschränken, sondern müssen zu der Einsicht gelangen, dass auch Atome, Moleküle, Zellen, Planeten, Sonnensysteme, Galaxien, Kosmen und Universen lebendige Organismen sind. Kurz: Alles hat Leben und lebt!

Wenn wir Leben als etwas betrachten, das sich in einer *zeitlichen Abfolge* von Ereignissen innerhalb einer *räumlichen Ausdehnung* vollzieht oder sich „abspult", und wenn wir diese „Spule" des Lebens an ihren Anfangspunkt zurückdrehen, dann kommen wir nicht umhin, einen raum- und zeitlosen „Nullpunkt" anzunehmen, der bereits alles in sich enthält, aber in dem es noch keine räumliche und auch noch keine zeitliche Ausdehnung gibt. Es kann sich nämlich nur das „abspulen", was schon auf einer „Spule" „aufgespult" ist. Dieser „Nullpunkt" ist das, was die Religionen als „Gott" bezeichnen, oder das, was die Astrophysik als „den Zustand vor dem Urknall" bezeichnet.

Wir, in unserem Zusammenhang, bezeichnen diesen „Nullpunkt" als Urgrund.

Nachdem das Leben aus dem Urgrund herausgetreten ist, „spult" es sich in einem kreisförmigen Verlauf ab, um wieder an seinem Ausgangspunkt, in seinem Urgrund zu enden. In der Symbolik der antiken Mythologie wird dieser Kreislauf als „Uroboros" bezeichnet – als eine Schlange, die sich am eigenen Schwanz auffrisst.

Das Leben spielt sich also zwischen Urgrund und Urgrund ab.
Im Urgrund ist alles zu einer einzigen raum- und zeitlosen Einheit verschmolzen. Hier gibt es weder eine räumliche noch eine zeitliche Ausdehnung, und deshalb gibt es auch keine Aufeinanderfolge von Ereignissen, was wir Leben nennen. Hier steht alles still.

Warum es einen solchen Urgrund gibt und warum dieser eine Urgrund aus sich selbst heraustritt, sich auszudehnen beginnt und sich in getrennte Gegensätze, die wieder nach Einheit trachten, aufspaltet, um ein immenses Universum mit einer Aufeinanderfolge von Ereignissen – nämlich Leben – zu erzeugen, das wissen wir nicht. Deshalb bezeichnen wir das Universum oder das Leben als Wunder.
Wenn wir aber die im Leben stattfindenden Desaster und dramatischen Vorkommnisse mit in Betracht ziehen, dann ist dieses Wunder vielleicht auch ein

unbeabsichtigtes, dem Urgrund widerfahrenes Missgeschick oder unvorhergesehenes Malheur, das nur durch die Rückkehr der gesamten Existenz zu ihrem Einen Urgrund wieder rückgängig gemacht werden kann.

Wenn der Urgrund eine raum- und zeitlose Anwesenheit ist, dann ist er nicht „irgendwo", sondern überall und nirgends oder allgegenwärtig. Wenn er aus sich selbst heraustritt, dann bleibt er sich trotzdem gleich. Und weil er am Anfang und am Ende des Lebens steht, dann findet das Leben nicht nur außerhalb, sondern auch innerhalb von ihm statt. Dann tritt das Leben nicht nur aus ihm heraus, sondern es tritt gleichzeitig auch in ihn hinein, dann ist das Universum nicht nur eine sich nach außen ausdehnende „Blase", sondern es ist gleichzeitig eine „Blase", die sich *innerhalb* des Urgrundes auch nach innen ausdehnt. – Eben ein „Uroboros".
Aber unser gewöhnlicher Verstand kann das nicht verstehen.

Das „Heraustreten" des Universums oder des Lebens „aus" dem raumzeitlosen Urgrund und dessen „Wiedereintreten" „in" diesen Urgrund spiegelt sich auch in den entstandenen einzelnen Formationen und Organismen innerhalb des Universums selbst wider.
Beim Menschen beginnt dieser „Austritt" mit der Empfängnis sowie der Geburt und endet mit seinem „Wiedereintritt" beim Tod.

Für uns Menschen zeigt sich die Allgegenwart des raumzeitlosen Urgrundes im ungeformten Bewusstsein, das wir mit unserem Verstand zwar ebenfalls nicht verstehen können, aber wir können es als etwas Gegenwärtiges und Zeitloses erfahren.

Leben ist Bewegung, Austausch von Stoffen, Aufbau und Abbau, Regeneration und Degeneration, Formung und Auflösung, Aufgang und Untergang, Einatmen und Ausatmen. Leben ist ständiger Wandel.

Formen wandeln sich, Körper wandeln sich, Gedanken wandeln sich, Gefühle wandeln sich. Aber formloses Bewusstsein wandelt sich nicht. Es war vor unserer Geburt das Gleiche, ist während unseres Lebens das Gleiche und nach unserem Tod wird es auch das Gleiche sein. Es ist immer da. Es ist der formlose Hintergrund, vor dem sich unser geformtes Leben abspielt. Es liegt jenseits der Zeit, ist etwas Raumzeitloses, das sich in Formen kleidet und diese beseelt. Es ist das *Sein* in der Form. Denn ständig sich wandelnde Form allein besitzt kein Sein. Sie ist im nächsten Moment schon nicht mehr das, was sie vorher war.

Als Menschen sind wir Träger dieses raumzeitlosen Bewusstseins, und wenn wir keinen Zugang dazu finden, verpassen wir sowohl unser Leben, unser Sein als auch unsere Bestimmung.

Wenn wir den Menschen als Träger dieses raumzeitlosen Bewusstseins auch als Brückenglied zwischen Materie und höherem Bewusstsein begreifen, dann können wir verstehen, dass seine Bestimmung darin liegt, die Kluft zwischen geformtem und ungeformtem Bewusstsein auszufüllen, wodurch geformtes Bewusstsein wieder in seinen ursprünglichen Zustand der Formlosigkeit zurückkehren kann.

Aber diese Bestimmung kann ein Mensch nur dann erfüllen, wenn er innerlich einen Kontakt zum formlosen Bewusstsein herstellt und dort einen Schwerpunkt, ein Gravitationsfeld schafft.

Mit der Erfüllung dieser Bestimmung, als Mensch, erlangt er dann auch wirkliches Leben und wirkliches Sein.[15]

Erfüllt er diese Bestimmung nicht, bleibt das ursprünglich formlose Bewusstsein an Formen gebunden und der Mensch bleibt unvollendet. Er bleibt dann bestenfalls auf der Stufe eines höheren Tieres stehen.

Leben gleicht einem unendlichen Ozean, aus dem eine unzählige Anzahl großer sich wandelnder Wellen hervorgeht. Jede einzelne dieser großen Wellen birgt in sich eine unzählige Anzahl kleinerer Wellen, welche in sich wiederum noch kleinere Wellen bergen, und so weiter, bis hinab zum einzelnen Atom. Und all das ist in ständiger Bewegung, ändert ständig seine Form, ist in ständigem Wandel.

---

[15] Siehe auch: Nicoll, Maurice: Psychological Commentaries on the Teaching of Gurdjieff and Ouspensky.

In diesem unermesslichen Ozean des Lebens gleicht die gesamte Menschheit einem mikroskopisch kleinen Wassertröpfchen und der einzelne Mensch gleicht einem einzelnen Wassermolekül dieser Welle.

Weil ständiger Wandel ständige Veränderung der Form bedeutet, muss im Prozess des Wandels immer eine Form zugunsten einer anderen Form sterben. Folglich ist Leben ohne Tod gar nicht möglich.

Versucht aber der Mensch während des Fortschritts seines Lebenskreislaufs, der aus einer Formung und Wiederauflösung der Form Mensch besteht, an seinem Körper und seiner Persönlichkeit festzuhalten, dann ist das etwa so, als wolle er die äußere, momentane und flüchtige Form einer Welle festhalten.

Weil aber jede Welle ständig ihre Form verändert und unausweichlich wieder in den Ozean zurückkehrt, wo sich ihre Form auflöst, bereitet ihm das große Schwierigkeiten. Er versucht dann diese Schwierigkeiten zu umgehen, indem er die Welle „fotografiert", sich eine Momentaufnahme, ein Selbstbild von ihr macht und daran festhält.

Doch diese Momentaufnahme, dieses Selbstbild ist weder die Welle noch der Ozean noch das Leben.

Während seines gesamten Lebens schafft er sich aus seiner Persönlichkeit und seinen Rollen ein Selbstbild. Er verziert es, schmückt es mit einem goldenen Rahmen, und während er damit beschäftigt ist, dieses Bild von sich selbst aufrechtzuerhalten, brausen die Wellen des Lebens unbemerkt an ihm vorbei. Er ist so sehr mit der Erhaltung dieses Bildes beschäftigt, dass er weder das Tosen der Wellen hört, noch den Ozean, in dem er dahintreibt, sieht.

Nur zuletzt, gegen Ende seines Lebenskreislaufs, wenn seine Kräfte nachlassen und eine größere Welle ihn erfasst, um ihn in den Ozean zurückzureißen, dann ist er erschüttert. Dann beginnt er sich immer mehr an sein Selbstbild, an seine Persönlichkeit und an bestimmte Rollen zu klammern. Dabei wird er von seinem, vom Persönlichkeitskult geprägten sozialen Umfeld, von Medizinern, Psychologen und denen, die ihn eventuell pflegen, fleißig unterstützt, bis er der Gegenwirkung dieser Kräfte unterliegt und er in Stücke zerrissen wird. Dann stehen alle Beteiligten hilflos vor einem fragmentierten Wesen, welches sie „dement" nennen.

Wirkliches *Leben* gleicht einem „*mit der Welle sein*", ihr weder hinterherzuhinken, noch ihr vorauszueilen. Aber das können wir nur, wenn wir als unveränderliches Bewusstsein in der sich wandelnden „Welle" anwesend sind und nicht an einem Selbstbild haften.

Wirklich zu Leben bedeutet im Wandel zu *Sein*. Für den Menschen bedeutet dies: *Im Wandel Bewusst zu Sein!* Oder: *Im Wandel als unparteiliches, beobachtendes und formloses Bewusstsein anwesend zu sein!*

Wann zuletzt in deinem Leben hast du denn wirklich

bemerkt, dass du bist? Alle Momente zusammengenommen, in denen du es bemerkt hast, sind DEIN Leben! Alle Momente, in denen du es nicht bemerkt hast, sind dein VERPASSTES Leben!

Wenn wir aufrichtig sind, dann müssen wir zugeben, dass der größte Teil unseres Lebens oder gar unser gesamtes Leben aus verpasstem Leben besteht.

In spiritueller Hinsicht ist der gewöhnliche Alltagsmensch, da er sich des Wandels meist nicht bewusst ist und auch noch kein wirkliches Sein erlangt hat, noch *nicht* zum wirklichen Leben erwacht. Sein Schwerpunkt liegt nicht im Bewusstsein, sondern in seiner Persönlichkeit.

Im Evangelium nach Matthäus heißt es zum Beispiel:
„Als aber Jesus die Menge um sich sah, befahl er, hinüber ans andre Ufer zu fahren. Und es trat ein Schriftgelehrter herzu und sprach zu ihm: Meister, ich will dir folgen, wohin du gehst.

Jesus sagt zu ihm: Die Füchse haben Gruben, und die Vögel unter dem Himmel haben Nester; aber der Menschensohn hat nichts, wo er sein Haupt hinlege.

Und ein anderer unter den Jüngern sprach zu ihm: Herr, erlaube mir, dass ich zuvor hingehe und meinen Vater begrabe.

Aber Jesus spricht zu ihm: Folge du mir, und lass die Toten ihre Toten begraben!" (Matthäus 8, 18-22)

„… Als aber Jesus die Menge um sich sah, befahl er, hinüber ans andre Ufer zu fahren.":

Der Mensch der Menge ist der gewöhnliche Alltagsmensch, der in vorgegebenen Traditionen in einer Art Halbschlaf dahintreibt. Er versteht so gut wie nichts von spirituellen Dingen. Wenn er spirituelle Wahrheiten hört, weiß er entweder nichts damit anzufangen oder er verändert sie so, dass sie seinem Lebensstil nicht in die Quere kommen. Sein Interesse entspringt nicht der Erkenntnis seiner wahren Situation und einem daraus entstandenen tiefen Herzenswunsch nach Befreiung, sondern einer rein oberflächlichen Neugier. Deshalb: „… befahl er, hinüber ans andre Ufer zu fahren."… Eine Aufforderung, uns zum anderen Ufer zu begeben, das heißt, zum spirituellen Verstehen überzuwechseln.

„…Und es trat ein Schriftgelehrter herzu und sprach zu ihm: Meister, ich will dir folgen, wohin du gehst.":
Der Schriftgelehrte gehört zur Elite des gewöhnlichen Alltagsmenschen. Er hebt sich von der großen Menge nur dadurch ab, dass er sich, durch das Studium geschriebener Worte, mehr Wissen angeeignet hat. Unsere Universitäten sind voll mit solchen Leuten, welche durch geschriebene Worte Unmengen an „Wissen" in sich anhäufen, um, wie sie es nennen, sich zu bilden. Mag sein, dass sie sich zu starken Persönlichkeiten heranbilden, zu „Experten" auf ihrem Gebiet werden. Sie mögen noch so viel Wissen aus geschriebenen Worten angesammelt haben, sie mögen Format haben, aber wirkliches *Sein* besitzen sie deshalb noch lange nicht. Ihr „Wissen" bleibt rein intellektuell, nicht aus dem wirklichen Leben gelernt, sondern aus geschriebenen Buchstaben. Akademiker, Theoretiker

und Hypothetiker gehören in das Resort der Schriftgelehrten. Weit vom wirklichen Leben entfernt, dienen sie dem Status quo der Persönlichkeitskultur.

Das „Meister, ich will dir folgen, wohin du gehst", kommt aus intellektuellen Erwägungen. Vielleicht um noch mehr „Wissen" anzuhäufen und die Persönlichkeit noch mehr auszuschmücken.

Der Schriftgelehrte hält sich an Begrifflichkeiten fest. Er sucht Sicherheit in Begrifflichkeiten, Gedankengebäuden, äußeren Formen und Formalitäten. Deshalb die Antwort:

„Die Füchse haben Gruben, und die Vögel unter dem Himmel haben Nester; aber der Menschensohn hat nichts, wo er sein Haupt hinlege."

Der Schriftgelehrte ist noch nicht bereit, die allgemeine Werteordnung der Persönlichkeitskultur zu verlassen und ans „andere Ufer", zur spirituellen Werteordnung, überzuwechseln. Deshalb auch „… ich *will* dir folgen …", anstatt, „ich folge dir …!" Die Persönlichkeit, Formen und Formalitäten sind seine Grube, in der er sich vor dem wirklichen Leben versteckt. Gedankengebäude und Begrifflichkeiten sind sein Nest, in welchem er sich niederlässt.

„… aber der Menschensohn hat nichts, wo er sein Haupt hinlege." Der „Menschensohn" bezeichnet das ursprüngliche, formlose Bewusstsein, in dem es weder Begrifflichkeiten noch Formalitäten gibt, an denen man sich halten könnte.

„…Und ein anderer unter den Jüngern sprach zu ihm: Herr, erlaube mir, dass ich zuvor hingehe und meinen Vater begrabe. Aber Jesus spricht zu ihm: Folge du mir, und lass die Toten ihre Toten begraben!'':

Der Jünger lebt am Übergang zwischen allgemeiner und spiritueller Werteordnung, zwischen Persönlichkeit und formlosem Bewusstsein. Er befindet sich auf der Suche nach seinem wahren Wesen. Für ihn gibt es kein „… ich *will* dir folgen …'', sondern die Nachfolge steht für ihn außer Frage: „… Herr, erlaube mir, dass ich *zuvor* hingehe …''. Er ist innerlich entschlossen, aber noch nicht vollständig von der allgemeinen Werteordnung gelöst.

„… Folge du mir, und lass die Toten ihre Toten begraben!'' heißt dann: Du bist für den Übergang bereit, blicke nicht zurück, der durch Glaubenssätze, Dogmen und Formalitäten geprägte Mensch der allgemeinen Werteordnung ist tot. Das wirkliche Leben befindet sich am anderen Ufer im ungeformten Bewusstsein.

Lebensqualität aus spiritueller Sicht

Wir können zwischen einer Äußeren und einer Inneren Lebensqualität des Menschen unterschieden:

Äußere Lebensqualität wird von den politischen Verhältnissen, den wirtschaftlichen Verhältnissen, den sozialen Umständen, den kulturellen Gegebenheiten, der körperlichen Gesundheit und den zur Verfügung stehenden finanziellen Mitteln des Einzelnen bestimmt.

Äußere Lebensqualität bedeutet ein zur Verfügung haben von Dingen für die Erfüllung von Grundbedürfnissen wie Nahrung, Körperpflege, Kleidung, Wohnraum und medizinische Versorgung usw.; sowie zur Befriedigung von Interessen und Wünschen, seien sie sozialer, kultureller, künstlerischer, literarischer oder sinnlicher Natur.

Ein Mensch kann aber unter den besten äußeren Umständen, die miserabelste und schrecklichste innere Lebensqualität besitzen, wenn sein Innenleben nicht in Ordnung ist.

Innerhalb unserer Wohlstands- und Persönlichkeitskultur finden wir solche Menschen massenweise. Ihr Hauptaugenmerk liegt auf der äußeren Lebensqualität. Sie leben im Überfluss wie die „Maden im Speck". Doch wenn wir näher hinsehen, können wir sehen, wie sie von einem Ereignis zum Nächsten durchs Leben hasten, als seien sie auf der Flucht. In ihren sorgenvollen Gesichtern können wir ihr inneres Elend erahnen.

Weil der innere Schwerpunkt solcher Menschen in ihrer Persönlichkeit liegt, bedeutet Lebensqualität für sie die Erfüllung von *persönlichen* Wünschen und Interessen. Ihre Lebensqualität ist von äußeren Umständen abhängig und ebenso *vorübergehend* wie ihre Persönlichkeit.

Diese Art der Lebensqualität kann nur von einzelnen Fragmenten der Persönlichkeit als befriedigend empfunden werden. Sie kann aber einem Menschen in seiner letzten Lebensphase große Schwierigkeiten bereiten. Denn nach und nach kann ihm ALLES genommen werden, angefangen bei seinem sozialen Umfeld, seinen persönlichen Besitztümern, seiner Gesundheit bis hin zu seiner Persönlichkeit selbst.

Am deutlichsten sehen wir dies, wenn ein Mensch sich selber nicht mehr helfen kann, oder gar dement wird und in einer Institution für betreutes Wohnen, in einer geschlossenen Abteilung eines Pflegeheimes oder ähnlichen Institutionen landet. Man versucht dann zwar, es ihm so angenehm wie möglich zu machen, indem man seine Grundbedürfnisse erfüllt, ihn beschäftigt, seine Sinne anregt, ihm Zuwendung gibt; kurz gesagt, indem man ihn rundum „in Watte packt".

Das ändert aber nichts an seiner inneren Situation, an seiner seelischen Verarmung, an seinem inneren Unerfüllt Sein, an seinem inneren Unglück. Es entspricht allenfalls einer Ablenkung von seiner wirklichen Situation. Es ist die Fortführung einer in der nach außen gerichteten

Persönlichkeitskultur begonnenen und immer größer werdenden Abhängigkeit des eigenen „Glücks" von äußeren Umständen und anderen Menschen, während das ohnehin schon verkümmerte Innenleben des Menschen noch weiter verkümmert.

Dem kann ein Mensch nur vorbeugen, indem er schon während der Erhaltungsphase seines Lebenskreislaufs beginnt, sein Innenleben zu pflegen, indem er sich nach innen wendet und in seinem innersten Wesen, im ungeformten Bewusstsein, nach einem Glück sucht, das weder von äußeren Umständen, noch von anderen Menschen abhängig ist.

Hat er solch ein inneres Glück oder solch eine Seligkeit erst einmal gefunden, dann ist es für ihn auch nicht mehr so wichtig, ob er seinen Lebensabend in einem Altenheim oder sonst wo verbringt. Innerlich geklärt, wird er warten bis seine Lebenszeit in diesem vorübergehenden Dasein abgelaufen ist. Er wird *Innere* Lebensqualität besitzen.

Innere Lebensqualität hat zwar die Erfüllung von Grundbedürfnissen zur Voraussetzung, ist aber gleichzeitig vom Bewusstseinsgrad eines Menschen und davon abhängig, wo sein innerer Schwerpunkt liegt.

Der innere Schwerpunkt eines Menschen kann entweder in seiner Persönlichkeit oder in seinem Bewusstsein, das wir auch als seine Seele bezeichnen, liegen. Liegt dieser Schwerpunkt in seiner Persönlichkeit, dann gerät er gegen Ende seines Lebens mehr oder weniger in einen inneren Notzustand, weil ihm dann alles genommen wird.

Liegt er in seinem formlosen Bewusstsein, dann gibt ein Mensch während seines Sterbens lediglich das zurück, was ihm sowieso noch nie gehörte. Dann kann ihm auch nichts genommen werden und er ist in gewisser Weise unsterblich geworden.

Sobald ein Mensch während seines Lebens einen Bewusstseinsgrad erreicht, in welchem er wirklich erkennt und nicht nur denkt, dass alle Dinge, einschließlich er selbst vorübergehende Erscheinungen sind, dann wird sich sein innerer Schwerpunkt allmählich und auf natürliche Weise von seiner Persönlichkeit zurückziehen und sich ins formlose Bewusstsein verlagern.

Seine Lebensqualität wird dann nicht mehr so sehr in seinen persönlichen Interessen und Wünschen liegen, sondern sie wird eher einen spirituellen Charakter annehmen. Lebensqualität bedeutet dann für ihn, *bewusst* im Hier und Jetzt zu leben, eine Rückverbindung zu seinem Ursprung zu haben, mit dem Großen und Ganzen verbunden zu sein, ein „mit der Welle sein", ein mit dem Wandel sein. Zu leben, wenn die Zeit zum Leben ist. Zu sterben, wenn die Zeit zum Sterben ist.

Durch den natürlichen Rückzug seines Schwerpunktes aus der Persönlichkeit in sein ungeformtes Bewusstsein wird er keine besonderen Anregungen seiner Sinne mehr brauchen. Er wird die kleinen Dinge des alltäglichen Lebens zu schätzen wissen. Er wird im Hier und Jetzt leben. Er wird sich selbst genug sein. Der gegebene Augenblick wird ihm genügen. Weil seine Gedanken weder in die Zukunft, noch in die Vergangenheit abschweifen, werden die einströmenden Sinneseindrücke des gegebenen Augenblicks direkt auf sein anwesendes Bewusstsein treffen und ihn *verwundern*. Er wird das Wunder des Daseins von Augenblick zu Augenblick erleben. Wenn ihm äußere Dinge genommen werden, wird er deshalb nicht verbittert sein, weil er begriffen hat, dass Vorübergehendes unausweichlich vorübergeht.

Im Grunde erlangt ein solcher Mensch mit der Verlagerung seines Schwerpunktes ins formlose Bewusstsein gewissermaßen schon zu Lebzeiten den Zustand, in dem er sich befand, bevor er geboren wurde. Sein Körper und seine Persönlichkeit werden dann, wenn ihre Zeit gekommen ist, dahinwelken, ohne dass es ihn sonderlich berühren wird.

Bleibt hingegen der Schwerpunkt eines Menschen während der Auflösungsphase innerhalb seines natürlichen Lebenskreislaufs an seiner Persönlichkeit haften, werden durch die einströmenden Sinneseindrücke des gegebenen Augenblicks lediglich schon vorhandene Assoziationsmuster in seinem Gehirn angestoßen, wodurch er gedanklich und emotional in die Vergangenheit oder in die Zukunft abschweifen wird. Dieses Abschweifen zieht sein Bewusstsein aus dem gegebenen Augenblick heraus, das heißt, es wird ihn von seinem wirklichen Sein ablenken und zerstreuen. Er wird genau das tun, was er schon sein ganzes Leben lang getan hat, nämlich: sich vollständig nach außen ergießen, bis auch die letzten Reste seiner Lebensenergie aufgebraucht sind und er stirbt, ohne einen inneren Sammel- und Schwerpunkt in sich geschaffen zu haben.

Aber das können die Vertreter und Anhänger der Persönlichkeitskultur nicht verstehen. Für sie bedeutet „Lebensqualität" einzig und allein, schon vorhandene und angenehme Assoziationsmuster in ihrem Gehirn wiederholt anzustoßen, um so ein gewisses Lustempfinden und eine gewisse Selbstzufriedenheit zu erzeugen.

Daraus erklären sich auch die von diesen Vertretern geschaffenen Trends zur Verbesserung der „Lebensqualität" alternder, seniler, dementer und sterbender Menschen.

Sie versuchen dann durch Beschäftigungsmaßnahmen, Sinnesanregungen und sogenannter Biographiearbeit den degenerierenden Menschen in seiner Persönlichkeit festzuhalten und ihm bis zu seinem oft bitteren Ende eine schöne Scheinwelt vorzugaukeln.

Diese Bestrebungen gehen in vielen Fällen sogar soweit, es als krankhaft anzusehen, wenn ein Mensch im letzten Abschnitt seines natürlichen Lebenskreislaufs instinktiv dem natürlichen Lauf der Dinge folgt und sich innerlich zurückzieht.

Ein solcher Rückzug äußert sich oft in nachlassendem Interesse an äußeren Geschehnissen, im Wunsch nach Alleinsein und in Ruhe gelassen zu werden, in nachlassendem Appetit, in längeren Perioden des Schweigens und in der Kargheit an Worten. Denn wenn ihm sein nahendes Ende dämmert, hat er das natürliche Bedürfnis über sein Dasein und den Sinn dieses Daseins nachzusinnen.

Anstatt einem solchen Rückzugsverhalten verständnisvoll, freundlich bejahend und unterstützend zu begegnen, wird das vom Persönlichkeitskult geprägte Sozialgefüge mit allen Mitteln versuchen, den Schwerpunkt solcher Menschen in ihrer Persönlichkeit zu halten, ihr Interesse an äußerlichen Dingen wiederzuerwecken sowie ihren Appetit wieder anzuregen und zu steigern usw. Es werden Standards und Konzepte zur Sicherung der „Lebensqualität", zur Beschäftigung und zur Ernährung alternder Menschen entwickelt, um die Scheinwelt einer Persönlichkeitskultur aufrechtzuerhalten. Aber letztendlich kann das Sterben nicht aufgehalten werden. Und standardisierte äußere „Lebensqualität" bei innerer Armut kann es auch nicht menschenwürdiger machen. Aber es kann den Leidensweg eines Menschen sicherlich verlängern und ihm unnötige Qualen bereiten, wenn der Natur nicht ihr Lauf gelassen wird.

Deshalb, an dieser Stelle, der wohlgemeinte Rat für diejenigen, die natürlich altern und einen menschenwürdigen Tod sterben wollen, sich vor den Vertretern der Persönlichkeitskultur zu hüten; sowohl vor denen, die in der eigenen Persönlichkeit residieren, als auch vor denen, die unser Sozialgefüge besiedeln. Sie predigen nämlich das „Leben", bringen aber die Zersplitterung und den Tod der Seele.

Natürlich und würdevoll zu Altern und zu Sterben bedeutet nämlich zu alternieren, sich zu wandeln, sich von der Form zum Formlosen zu wandeln. Und wenn wir während dieses Wandels an der Form festhalten, werden wir gewissermaßen innerlich zerrissen.

Über die Aufrechterhaltung des menschlichen Leidens

Wie in der Einleitung dieses Buches versprochen, wollen wir in diesem Kapitel, wenn nicht schon an anderer Stelle geschehen, etwas näher hinter die Kulissen gesellschaftlicher Sozialgefüge blicken und ergründen, was es für den einzelnen Menschen bedeuten und in welche Tretmühlen er im Laufe seines Alterns innerhalb bestimmter Sozialgefüge geraten kann.

Wenn wir von menschlichem Leid sprechen, meinen wir das Leid, das dem in Formen und Strukturen verwickelten Bewusstsein widerfährt. Ist das Bewusstsein mit irgendeiner Form identifiziert, sei es ein Organismus, eine Person oder ein psychischer Inhalt, dann erfährt es das Leid, das diesem Organismus, dieser Person oder diesem psychischen Inhalt widerfährt, als sein eigenes Leid. Dabei können wir zwischen unvermeidbarem, vermeidbarem, notwendigem, freiwilligem und absichtlichem Leid unterscheiden.

Zum unvermeidbaren Leid gehören Leiden, auf die wir als Einzelne keinen Einfluss haben und an denen wir als einzelner Mensch auch nichts ändern können. Dazu gehören, zum Beispiel, kosmische und schicksalhafte Ereignisse, wie Naturkatastrophen, Hungersnöte, Kriege, Seuchen, schwere, schicksalsbedingte Krankheiten, und andere Widrigkeiten des Lebens.

Zum vermeidbaren Leid des Menschen gehören berechenbare Leiden, auf die wir als Einzelne durch das treffen bestimmter Entscheidungen einen Einfluss haben können.

Als notwendiges Leid bezeichnen wir die mit dem Leben eines einzelnen Menschen untrennbar verbundenen Leiden. Denn ohne ein gewisses Maß an Leid ist kein Leben möglich. Wir können notwendiges Leid auch als gesetzmäßiges Leid bezeichnen, weil es auf einem gesetzmäßigen Ausgleich von Gegensätzlichkeiten beruht. Auf den Tag folgt die Nacht, auf die Geburt folgt der Tod, auf Freude folgt Trauer, usw., usw. Im weitesten Sinne gehören auch karmische Verstrickungen zum gesetzmäßigen Leid des Menschen, da er hierbei sowohl eigene als auch durch seine Vorfahren verursachte Überschreitungen existenzieller Gebote begleichen muss.

Freiwilliges Leid nennen wir das Leid, das wir als Konsequenz auf uns nehmen, um ein bestimmtes Ziel zu erreichen.

Und mit absichtlichem Leid meinen wir Leid, das wir bewusst und absichtlich ertragen, um etwas daraus zu gewinnen. Wenn wir zum Beispiel wahres Sein erlangen wollen, dann müssen wir Leid bewusst und absichtlich ertragen können. Um dies etwas besser verstehen zu können, werden wir kurz ein wenig vom Hauttthema dieses Kapitels abschweifen: Wenn wir Leid bewusst und absichtlich ertragen, entsteht eine Art „Innere Reibung". Und so, wie physikalische Reibung Wärme erzeugt, so erzeugt diese „Innere Reibung", welche durch bewusstes und absichtliches Ertragen von Leiden zustande kommt, den Stoff, aus dem unser wahres Sein besteht. Zudem kann absichtliches Leid einen reinigenden Effekt auf unser Bewusstsein haben und möglicherweise auch karmische Verstrickungen abbauen oder zumindest die Entstehung neuer verhindern. Die zum absichtlichen Leid gehörenden „Inneren Reibungen" entstehen zum Beispiel durch Entsagungen, durch Nichtausdrücken von Emotionen, durch bewusstes Nichtreagieren auf bestimmte Reize und Ereignisse, oder durch das Ausharren in bestimmten Körperstellungen, usw. Beim absichtlichen Leid sollte man aber stets auf ein gewisses Mittelmaß achten, um nicht etwa masochistischen Selbstquälereien anheimzufallen.

Die Hauptursache menschlichen Leidens liegt, abgesehen von körperlichen Schmerzzuständen und karmischen Verstrickungen, im Nichtakzeptierenkönnen oder Nichtwahrhabenwollen der Wirklichkeit unumstößlicher und unangenehmer Wahrheiten. Und weil aus eben diesem Grund der größte Teil unseres persönlichen Lebens auf privaten, subjektiven und illusionären Vorstellungen beruht, die früher oder später von der Wirklichkeit eingeholt werden, kollidiert diese illusionäre Privatwelt immer wieder mit Ereignissen aus der Wirklichkeit, die sie erschüttern und infrage stellen. Nicht enden wollende und leidvolle Enttäuschungen sind dann die Folge.

Weil aber der Mensch seine subjektive, illusionäre Privatwelt nicht als illusionär erkennt, sondern diese für das einzig Wichtige, Wertvollste und Wünschenswerteste hält, versucht er, anstatt seine Privatwelt an die Wirklichkeit anzupassen, die Wirklichkeit an seine illusionäre Privatwelt anzupassen. Das führt letztendlich dazu, dass er ganz offensichtliche Tatsachen aus seiner gefühlsmäßigen Wahrnehmung oder aus seinem Empfinden ausblendet und diese nur ganz am Rande seines alltäglichen Bewusstseins als flüchtige Gedanken wahrnimmt, die ihn dann aber nicht sonderlich berühren oder stören und ganz leicht übergangen werden können.

Eine solche Tatsache, die er auf diese Weise ausblendet, ist zum Beispiel der Fakt, dass er selbst, seine Mitmenschen und alle Dinge des Daseins *vorübergehende Erscheinungen* sind, die ihm jederzeit durch schicksalhafte Ereignisse oder durch seinen eigenen Tod weggenommen werden können.

Selbst wenn ein Mensch diese Zeilen liest, streifen die Worte allerhöchstens den Rand seines Verstandes. Wahrscheinlich wird er beginnen, mehrere „Für" und „Wider" zu erwägen und sich alsbald nicht mehr an das Gelesene erinnern. Er wird weiterleben, als besäße er das ewige Leben. Denn würden solche Wahrheiten bis tief in sein Verstehen eindringen und sein gesamtes Sein berühren, könnte er nie mehr so sein, wie er ist. Er würde sich wandeln und ein vollkommen anderer Mensch werden. Und weil fast alle Menschen diesem Mechanismus der Ausblendung unangenehmer Tatsachen unterliegen, entstehen allgemein anerkannte politische, gesellschaftliche, moralische und ethische Wertesysteme, die auf Halbwahrheiten beruhen und eine Kluft zwischen Wirklichkeit und gelebtem Leben entstehen lassen.

Ohne Einbeziehung der Unvermeidbarkeit des Sterbens und des bevorstehenden Todes alles Seienden kann es keinen wirklichkeitsnahen Denkansatz geben. Denn wenn die Perspektive falsch ist, sind auch die Schlussfolgerungen und die daraus resultierenden Handlungen falsch.

So entsteht ein Blendwerk aus falschen „Realitäten", dem der einzelne Mensch ohne Hilfe nicht entkommen kann. Eigentlich sollte die entsprechende Hilfe von den Religionen kommen. Aber deren Vertreter unterliegen oft selbst diesem Blendwerk der sogenannten „Realitäten" der Persönlichkeitskultur und nehmen eher die Funktion von Wächtern ein, die den Ausstieg einzelner Menschen aus den bestehenden, falschen Wertesystemen zu verhindern suchen. Anstatt als Befreier oder Erlöser des Menschen zu agieren, indem sie ihn mit der Wahrheit konfrontieren und ihm einen Weg aus dieser illusionären Welt aufzuzeigen, predigen sie blinden Glauben an einen imaginären „Gott", welchen sie meist nach ihrem eigenen Bilde geschaffen haben.

Beim einzelnen in solch einem System falscher Perspektiven eingebundenen Menschen geschieht nun Folgendes:

Nachdem er von Kindheit an mit den Werten eines auf Halbwahrheiten gegründeten Gesellschafts- und Sozialgefüges überhäuft wurde und sich diese Werte tief in sein Nervensystem und somit in seine Persönlichkeit eingegraben haben, beginnt er irgendwann selbst an diese Werte zu glauben und sie für seine eigenen zu halten.

Aus Mangel an spiritueller Unterstützung, Erfahrung und Einsicht beginnt er dann auch an einen zum größten Teil aus konditionierten Reflexen, Gewohnheiten, Emotionen und Assoziationsmustern bestehenden Mechanismus zu glauben: nämlich an seine Persönlichkeit, die er für sein wahres Wesen hält und die er „Ich" nennt. Und weil seine Persönlichkeit ein ebenso vergängliches Ding ist wie sein Körper, gleicht er einem Schauspieler, der glaubt, sein „Ich" bestünde einzig und alleine aus seinen gespielten Rollen und getragenen Kostümen. Wenn er dann die Bühne verlassen muss, weil das Schauspiel zu Ende ist, gerät er innerlich in große Not: blickt er nach vorne, steht er vor einem Abgrund gähnender Leere, blickt er zurück, muss er erkennen, dass die Bühne leer ist oder bereits ein anderes Schauspiel mit ganz anderen Schauspielern begonnen hat.

Weil aber diese Tatsache von vorneherein und von allen Beteiligten so weit wie möglich aus dem Bewusstsein ausgeblendet wird, kommt ihm sein ganzes Leben lang nicht in den Sinn, nach irgendetwas Anderem und Beständigerem zu suchen als nach der Ausschmückung seiner Persönlichkeit und die ihm von außen entgegengebrachte Achtung, Ehre und Würdigung. So ist er von seiner Jugend an ständig damit beschäftigt, seine Persönlichkeit mehr und mehr auszuschmücken, um immer mehr Achtung, Anerkennung und Ehre zu erlangen. Dies erreicht er aber nur, indem er sich die allgemein anerkannten Wertvorstellungen zu eigen macht und zu dem wird, was sein Sozialgefüge von ihm erwartet. Innerhalb von politischen Parteien und allgemein anerkannten Organisationen findet man solche Leute zur Genüge.

Natürlich gibt es auch Menschen, die diesen allgemein anerkannten Wertvorstellungen nicht entsprechen. Aber auch sie sind von einem Sozialgefüge geprägt und handeln entsprechend ihres gelernten Werte- und Moralkodexes. Bei solchen Gruppierungen kann es sich beispielsweise um religiöse Vereinigungen, organisiertes Verbrechen oder andere Vereine und Parteien mit ihren ganz besonderen Wertvorstellungen handeln. Letztendlich läuft aber alles auf das Gleiche hinaus, denn auch deren Anhänger glauben an die vorgegebenen Werte, an ihre Persönlichkeit und suchen innerhalb ihres Sozialgefüges einen „ehrenhaften" Platz zu ergattern.

Ereignisse, die den Menschen an seine unumgängliche Sterblichkeit erinnern, verarbeitet er durch sogenannte „Trauerarbeit", die vorwiegend darin besteht, nach außen hin einige vorgegebene Rituale auszuführen und innerlich

167

in Traurigkeit, in Depression und Klagen auszuharren, bis „Gras über die ganze Sache gewachsen ist" und er so weiter machen kann, als wäre nichts geschehen. Seine Mitmenschen, die ebenfalls an dieses aus falschen Perspektiven entstandene Wertesystem glauben, bezeugen ihm ihr Beileid und tun alles Mögliche für ihn, um ihn wieder als voll angepasstes, wieder zur „Vernunft" gekommenes Mitglied in ihrer Gemeinschaft aufnehmen zu können.

Sollte ihn ein Ereignis aber dennoch so tief berühren, dass er sich selbst mit seinem ganzen Sein als vorübergehende Erscheinung wahrnimmt und er auch die Vergänglichkeit alles Seienden wirklich erkennt, dann werden seine Mitmenschen ihn nicht mehr verstehen; dann wird er alleine dastehen.

Fehlt ihm die Stärke, dieses Alleinsein zu ertragen, so wird er, eventuell auch mit fachmännischer, psychologischer Unterstützung, alsbald wieder in seine alten Denkmuster und Verhaltensweisen zurückfallen, und alles bleibt beim Alten.

Besitzt er aber die Stärke, dieses Alleinsein zu ertragen, dann bleibt ihm, wenn er in einer solchen Gemeinschaft überleben will, nichts anderes übrig, als „mit den Wölfen zu heulen".

In solch einem sich selbst erhaltenden, illusionären Sozial- und Wertesystem, das sich in der Persönlichkeit des Einzelnen widerspiegelt, entfernt sich der Mensch mit zunehmender Verfestigung seiner Persönlichkeit immer weiter von der Wirklichkeit und seinem wahren Wesen. Und wenn dann mit fortschreitendem Alter sein Ende näher rückt, beginnt er sich immer mehr an dieses illusionäre Gebilde seiner selbst zu klammern, da er ja nichts anderes als seine Persönlichkeit besitzt.

Mit der fortschreitenden Degeneration seines Körpers und seiner Persönlichkeit zerrinnt ihm dieses Gebilde aber förmlich in den Händen – bis nur noch einige einzelne Fragmente davon übrigbleiben und er, wenn er nicht schon vorher das Glück hatte zu sterben, als „dement" eingestuft wird.

Diese übrig gebliebenen Fragmente einer einst funktionierenden Persönlichkeit können als automatisch ablaufende Assoziations- und Handlungsmuster innerhalb bestimmter Gehirnareale verstanden werden. Sie haben die Verbindung zu anderen, hemmend ausgleichenden Assoziationsmustern und Arealen verloren und äußern sich daher so extrem und unkontrolliert, dass sie oft nur noch mit Medikamenten und manchmal auch nur mittels Fixiergurte in Schach gehalten werden können. Das heißt, ein solcher Mensch erhält oft hohe Dosen an Psychopharmaka und wird, wenn nötig an einen Stuhl oder ans Bett gefesselt, damit er sich selbst oder andere nicht gefährdet.

Weil man im, vom Persönlichkeitskult geprägten, allgemeinen Sozialgefüge kein klares und wirklichkeitsnahes Menschenbild besitzt, greift man in der Pflege und in der medizinischen Versorgung solcher Menschen verunsichert auf allgemein anerkannte vage Vorstellungen zurück – wie zum Beispiel: „die Würde des Menschen ist unantastbar" – und versucht diesen Vorstellungen gerecht zu werden, indem man, medizinisch und pflegerisch alles dafür tut, solche armseligen, fragmentierten Kreaturen so lange wie es nur geht daran zu hindern, ihr natürliches Ende zu finden. Es wird dann peinlichst genau darauf geachtet, dass es weder zu Blutdruckschwankungen, Herzrhythmusstörungen, Blutzuckerentgleisungen, Eisenmangel oder zur Gewichtsabnahme usw. kommt.

Der Umstand, dass auf diese Weise das Leiden dieser einzelnen Kreaturen regelrecht beschützt und aufrechterhalten wird, sodass sich der ursprüngliche Zweck der Medizin und der Pflege, nämlich Leid zu lindern oder zu verhindern, in sein Gegenteil umkehrt, wird, aufgrund des oben beschriebenen Mechanismus der Ausblendung unangenehmer Tatsachen, vollständig ignoriert.

Ebenso verschließt man die Augen vor der Tatsache, dass der Sterbeprozess eines Menschen mit den heutigen zur Verfügung stehenden medizinischen Möglichkeiten oft nur verlängert wird und der betroffene Mensch durch eben diese Verlängerung dazu gezwungen wird, partielle Tode zu sterben. Das heißt, er muss Stück für Stück sterben und wird daran gehindert als Ganzheit, als ganzer Mensch zu sterben, sodass am Ende lediglich nur noch bruchstückhafte Restfunktionen seines Organismus und seiner Psyche übrigbleiben.

Es ist fraglich, was daran noch würdevoll sein soll. Trotzdem spricht man weiter von „würdevollem Sterben" und von „Lebensqualität", während die „wohlwollenden" pflegerischen und medizinischen Handlungen genau das Gegenteil bewirken.

Dem Ganzen versucht man dann noch einen Anstrich von „Normalität" zu geben, indem man groteskerweise solchen fast schon verstobenen Wesen zum Geburtstag gratuliert, für sie Faschingsveranstaltungen, Weihnachtsfeiern oder andere Festlichkeiten einrichtet, bei denen sie meist nur teilnahmslos dasitzen und ins Leere starren. Man betitelt sie mit „Herr" oder „Frau", um wenigstens so zu tun, als seien sie noch intakte, integre Persönlichkeiten, usw. Aber *Wo?* ist denn der „Herr" oder die „Frau" in einem fragmentierten Wesen?

Eine solche Maskerade wird dann als Erhaltung der „Lebensqualität" und als „gute Pflegequalität" deklariert.

Diese und ähnliche unangenehme Tatsachen werden erst gar nicht in Erwägung gezogen. Unterdessen aber gründet man Expertenkomitees für Fragen zur Ethik, zum Umgang mit Demenzkranken, für Maßnahmen zur Vorbeugung von Stürzen, Inkontinenz, Kontrakturen, Mangelernährung und der Exsikkose alter Menschen usw.

Es werden dann sogenannte „Expertenstandards" zu diesen Themen entworfen, die ausgeklügelte und oft unwesentliche Spitzfindigkeiten enthalten, die aber von der Fachwelt dieser Berufsschichten regelrecht angebetet und den entsprechenden Einrichtungen und Sammelstätten für alternde Menschen per Gesetz aufgedrängt werden, sodass es selbst für die wenigen Einrichtungen, die sich noch eine gewisse Wirklichkeitsnähe bewahrt haben, schwierig wird, in ihren Handlungen einer lebensnahen Vernunft zu folgen.

Nach Einführung besagter Standards zur Betreuung alternder Menschen werden die in Pflegeeinrichtungen lebenden und sterbenden Menschen nun regelrecht *überwacht* und vor dem oftmals erlösenden Tod *bewacht*.

Kleinste Veränderungen in ihrem Verhalten oder Befinden werden sofort dokumentiert. Ein Privatleben ist für solche Menschen nicht mehr möglich. Während sie tagsüber überwacht werden, müssen viele die Nächte, in denen sie einmal unüberwacht für sich sein könnten, oft in einem Zweibettzimmer verbringen und sich eventuelles Geschnarche, Gestöhne oder sogar Geschrei ihrer Mitbewohner anhören.

Wenn ein Mensch in solch einer Einrichtung seinen Willen nicht mehr äußern kann, ist er diesem Kontroll- und Überwachungssystem vollkommen ausgeliefert. Dann wird er im Namen der „Würde" standardisiert, und auch der letzte Rest an Privatsphäre wird ihm geraubt. Es werden alle Mittel ausgeschöpft, um ihn solange wie möglich am Leben zu halten, gleichgültig, in welchem Zustand er sich befindet.

Weil in solchen Standards zum Beispiel steht, dass bei einer Abnahme an Körpergewicht mit Gegenmaßnahmen zu reagieren sei, finden sich sofort engagierte Pflegekräfte, die wirklich an den Wert dieser Standards glauben und danach handeln.

Da liegt dann, um nur ein Beispiel zu nennen, ein bettlägeriger Mensch, dessen Gehirn schon soweit degeneriert ist, dass er nur noch mit offenem Mund daliegt, an die Decke starrt und auch kein Interesse mehr an Essen und Trinken zeigt. Um einer Gewichtsabnahme vorzubeugen, wird dieser Mensch nun standardgemäß ernährt, indem man ihm, fünf bis sechs Mal am Tag, passierte, möglichst hochkalorische Kost in seinen offenstehenden Mund füllt; wenn die Nahrung dann nach hinten fließt und sein Gaumensegel berührt, schluckt er sie reflexartig hinunter. Zur Kontrolle, ob er möglicherweise trotzdem an Gewicht verliert, wird er wöchentlich gewogen, ungeachtet der Tatsache, dass diese Prozedur schmerzhaft für ihn ist. Das Ganze wird dann zum Nachweis, dass alles getan wurde, um eine Gewichtsabnahme zu verhindern, feinsäuberlichst dokumentiert, um den vorgeschriebenen Verfahrensstandards zu genügen.

Bei genauerem Hinsehen erhält man hier den Eindruck, dass hier eine, vom Persönlichkeitskult geschaffene, riesige Maschinerie zur „gewissenhaften" Aufrechterhaltung menschlichen Leidens im Gange ist. In solch einer Maschinerie werden die wirklichen Bedürfnisse des sterbenden Menschen vernachlässigt und er wird seiner Würde beraubt. Den Pflegenden wird ihre Eigenverantwortung genommen und sie sind dann lediglich noch Handlanger eines aufgezwungenen, standardisierten Systems zur Verhinderung des natürlichen Laufs der Dinge und zur Aufrechterhaltung des Leidens.

Der einzelne Mensch kann sich dem nur entziehen, wenn er sich auf sein innerstes Wesen besinnt.

Die Perspektiven

Solange wir die Persönlichkeit als das Wesen oder als die Natur des Menschen selbst betrachten, werden wir mechanische Verhaltensweisen als „Leben" bezeichnen, die Erfüllung von Wünschen skurrilster Art werden wir „Lebensqualität" nennen.

Eigensinn werden wir als „Selbstbestimmung" und „Individualität" ansehen.

Geistige Umnachtung werden wir als „würdevolles Dasein" betrachten.

Medizinisch und pflegerisch werden wir „wohlmeinend" versuchen, die mechanischen Überreste sterbender Menschen, so lange wie möglich, aufrechtzuerhalten.

Wir werden Menschen, im Namen der „Würde", solange wie möglich in einem menschenunwürdigen Zustand halten.

Unser Verhältnis zum Tod wird krankhaft sein.

Die Gerontopsychiatrie und die Psychologie werden sich weiterhin innerhalb der Persönlichkeit im Kreise drehen und auf den Versuch beschränkt bleiben, zu retten, was zu retten ist.

Sobald wir aber sehen und begreifen, dass die Natur und das Wesen des Menschen im ungeformten Bewusstsein liegen, werden sich unser Handeln und unsere Perspektiven vollständig ändern:

Es wird zu einer Verschiebung der Werte von *außen* nach *innen* kommen.

Der Kern des Menschen wird jetzt erstrangigen Wert erhalten. Die Persönlichkeit und Außendinge werden zwar wichtig sein, aber sie werden zweitrangig.

Körper und Persönlichkeit werden zur Wohnstatt und zu Werkzeugen des Bewusstseins.

Wenn diese unbrauchbar geworden sind, dann ist die Zeit gekommen, um sich von ihnen zu trennen.

Aufgabe der Medizin und Pflege wird es dann sein, diesen Trennungsprozess zu unterstützen, anstatt ihn zu verlängern.

Unsere so genannte „Mitmenschlichkeit", welche meist persönlichem Selbstmitleid entspringt, wird sich zu wahrem Mitgefühl für ein in den Persönlichkeitsresten eingesperrtes Bewusstsein wandeln.

Wir werden dem Menschen mehr Achtung entgegenbringen, weil wir wissen, dass in ihm etwas wohnt, das größer als er selbst und nicht von dieser Welt (der Welt der Persönlichkeit) ist.

Weil aber unsere moderne Gesellschaft vollständig auf einer Persönlichkeitskultur beruht, wird es wohl noch viele, viele Jahre dauern, bis sich auch in der Allgemeinheit, wenn überhaupt, die Einsicht durchsetzt, dass das Wesen des Menschen nicht seine Persönlichkeit ist.

Und solange eine solche Persönlichkeitskultur in unserer Gesellschaft vorherrscht, werden unsere anerkannten Schulsysteme weiterhin wohlfunktionierende Automaten für die Wirtschaft produzieren, ohne dem Menschen etwas über seine wirkliche Natur zu sagen. Die so genannte „dritte Lebensphase" wird weiter zur Veräußerung des Bewusstseins missbraucht werden, anstatt der Vorbereitung auf einen würdevollen Tod zu dienen.

Der Mensch wird sich weiterhin für den „Herrn" der Schöpfung halten, während er Sklave seiner sozialen Prägungen, seiner persönlichen Wünsche, Vorlieben und Abneigungen ist.

Er wird weiter versuchen die flüchtigen Erscheinungen des Lebens festzuhalten, indem wir diese als biografische Daten oder Dokumentationen niederschreibt.

Es wird weiterhin mit Qualitätssiegeln versehene Sammelstätten für alternde Menschen zur Verlängerung des menschlichen Leidens geben, ohne dass dies den Betreibern solcher Einrichtungen und den Pflegenden bewusst ist.

Es werden, vielmehr, immer wieder neue Gesetzesentwürfe, beschönigende Worte und äußere Rahmenbedingungen geschaffen, um über diese Tatsachen hinwegzutäuschen.

Nett garnierte Speisen und Sicherheitsmaßnahmen werden wichtiger als die innere Situation des Menschen sein.

Die politischen Vertreter unserer Gesellschaft werden weiter so genannte „Demenzzentren" für die „Hilfe zur Selbsthilfe" fördern oder errichten, um über die eigene und die allgemeine Hilflosigkeit gegenüber der „Demenzsituation" und der Situation Sterbender in unserer Gesellschaft hinwegzutäuschen.

Die Wissenschaft wird weiter versuchen den Tod aus der Existenz zu verbannen, ohne zu bedenken, dass sie mit dem Tod auch das Leben verbannt.

Die medizinischen und pharmazeutischen Einrichtungen werden weiterhin mehr am Profit, als an der Linderung menschlichen Leidens interessiert sein.

Und weil die Gesetzgebung der Allgemeinheit folgt, werden diejenigen, welche die innere Situation des Menschen wirklich erkannt haben, zu ihrem eigenen Selbstschutz weiter „mit den Wölfen heulen" müssen.

„Siehe, ich sende euch wie Schafe mitten unter Wölfe; so seid nun klug wie die Schlangen und einfältig wie die Tauben. Hütet euch aber vor den Menschen! Denn sie werden euch an Gerichte überliefern … " (Matthäus 10, 16-17), sagt Jesus.

Wie düster und traurig solche Ausblicke auch sein mögen – die Hoffnung für eine menschenwürdigere Zukunft liegt bei denen, die erkennen werden, dass der Mensch nicht sein Körper und auch nicht seine Persönlichkeit ist.

Spiritual Ethik und Praktisches zur Pflege und Betreuung sterbender Menschen

Dieses Kapitel richtet sich an diejenigen, die alternde und sterbende Menschen im letzten Abschnitt ihres Lebenskreislaufs, sei es aus beruflichen oder privaten Gründen, zur Seite stehen und begleiten wollen. Es soll ihnen eine spiritual ethische Richtschnur sowie einige praktische Hinweise für die Begleitung, Betreuung, Pflege und die medizinische Versorgung sterbender Menschen an die Hand geben.

Eine spirituelle Sterbeethik und philosophische Grundlagen

Das Leben des Menschen besteht aus *Übergängen*. Neben den kleineren Übergängen wie die vom Säugling zum Kleinkind, vom Kind zum Jugendlichen, vom Jugendlichen zum Erwachsenen und vom Erwachsenen zum Greisen gibt es für jeden Menschen auch zwei große Übergänge:

Der erste große Übergang ist der Übergang vom persönlichen Nicht-Sein zum persönlichen Sein, welcher durch Empfängnis, embryofetale Entwicklung, Geburt und Entwicklung einer Persönlichkeit gekennzeichnet ist.

Der zweite große Übergang ist der Übergang vom persönlichen Sein zum persönlichen Nicht-Sein; er ist durch Alter, Degeneration, Sterben und Tod gekennzeichnet.

Die Geburtshilfe versucht, einem Menschen den ersten großen Übergang zu erleichtern.

Pädagogik und Psychologie versuchen, dem Menschen die kleinen Übergänge während seines Lebenskreislaufs zu erleichtern.

Spiritualität, Palliativpflege und Palliativmedizin versuchen, dem Menschen den zweiten großen Übergang oder das Sterben zu erleichtern.

Aus spiritueller Sicht ist das Leben eines Menschen ein natürlicher Kreislauf zwischen Niedergang und Aufstieg, zwischen Wachstum und Degeneration, zwischen Geburt und Tod. Und wenn wir einem solchen natürlichen Kreislauf einen Sinn oder eine kosmologische Bedeutung beimessen, dann müssen wir dem Tod eines Menschen ebenso viel Achtung entgegenbringen, wie seiner Geburt. Das heißt, ein Mensch hat ein ebensolches Recht auf seinen, zu *seinem* Lebenskreislauf gehörenden Tod wie auf seine Geburt.

Ein aktives Forcieren des Sterbeprozesses eines Menschen ist dann ebenso verwerflich wie sein unnötiges und leidvolles Hinauszögern. Aber welche Kriterien haben wir denn, nach denen wir unser Handeln oder Nichthandeln ausrichten können?

Solange die kognitiven Fähigkeiten eines Menschen erhalten sind, können und müssen wir uns an seine Äußerungen halten. Falls nötig und die Umstände es erlauben, können wir ihn auch an seinen bevorstehenden Tod erinnern.

Doch welche Kriterien haben wir, wenn – wie allzu oft – die kognitiven Fähigkeiten noch vor dem körperlichen Tod eines Menschen verschwinden und seine Lebensqualität und seine selbstständige Lebensfähigkeit immer weiter abnehmen?

In einem solchen Fall finden wir die Antwort in der Natur selbst:

Der Mensch wird mit einem bestimmten *genetischen Material* sowie mit einem Funken *Bewusstsein* und einem

Lebenswillen in ein Sozialgefüge und in eine bestimmte
Kultur hineingeboren, wo sein ihm eigener *Lebenskreislauf*
beginnt.

Durch das Zusammentreffen dieser unterschiedlichen
Faktoren bilden sich in einem Menschen der Reihe nach
bestimmte Anpassungsmechanismen, wie motorische
Fertigkeiten, emotionale Wertsysteme und kognitive Fähigkeiten. In ihrer Gesamtheit machen diese Anpassungsmechanismen schließlich seine Persönlichkeit aus.

Dabei dürfen wir nicht vergessen, dass die Persönlichkeit
eines Menschen nicht sein innerstes Wesen oder seine
wahre Wesensnatur darstellt, sondern lediglich ein Anpassungsmechanismus des Bewusstseins an dessen Umgebung ist. Und dass die Persönlichkeit, genauso wie der
physische Organismus, eine vorübergehende Erscheinung ist.

Das, was an Anpassungsmechanismen während des Lebenskreislaufs eines Menschen in den späteren Entwick-
lungsphasen erworben wurde, wird im Sterbeprozess als
Erstes auch wieder verschwinden.

So können wir während des Degenerationsprozesses
häufig, schon lange vor dem Versiegen von Hunger und
Durst, das Schwinden kognitiver und motorischer Fähigkeiten beobachten. Nicht jedem Menschen ist das Glück
beschert, seine kognitiven Fähigkeiten bis zum letzten
Atemzug zu behalten.

Wenn also ein Mensch seine kognitiven Fähigkeiten verloren hat, hat er seine Anpassungsfähigkeit und somit
auch einen Großteil seiner Persönlichkeit verloren.

181

Was dann noch übrig bleibt, ist wieder das *genetische Material* mit seinen Auswirkungen auf Konstitution, Gesundheit und Lebensdauer, ein Funke *Bewusstsein*, das erlebt, erleidet und den innersten Kern oder die Seele eines Menschen darstellt, und der *Lebenswille*, der unter anderem die selbsterhaltenden Funktionen wie z. B. Hunger und Durst steuert.

Ein Versiegen von Hunger und Durst in der letzten Phase eines Lebenskreislaufs kann dann auch als ein Versiegen des Lebenswillens gedeutet werden. Ebenso verhält es sich, wenn bei einem an Demenz erkrankten Menschen mit stark verminderter Lebensqualität die selbsterhaltenden Funktionen wie der Schluckreflex, die Resorptionsfähigkeit des Magen-Darm-Traktes und andere vitale Funktionen gestört sind oder ausfallen.

Der Respekt und die Achtung vor dem Leben und dem Tod eines Menschen gebieten uns dann, der Natur mitfühlend ihren Lauf zu lassen, *diesen Menschen seinen ihm eigenen Tod sterben zu lassen* und nur noch palliativ lindernd einzugreifen.

Einem Menschen, dessen Persönlichkeit bereits gestorben oder nur noch in Fragmenten vorhanden ist und dessen Lebensqualität stark eingeschränkt ist, seinen ihm eigenen Tod durch zwanghafte Ernährung – über eine Sonde, über Infusionen und andere medizinische Spitzfindigkeiten – zu verwehren, wäre mehr als respektlos, unmoralisch und verwerflich. Wir würden ihn, aus welchen Gründen auch immer, daran hindern seinen ihm eigenen Lebenskreislauf auf die zu ihm gehörende natürliche Weise zu vollenden und sein Leiden unnötigerweise verlängern.

Hier entsteht oft die Frage nach dem „Verdursten" oder dem „Verhungern" eines Menschen. Wir können aber davon ausgehen, dass gerade bei an Demenz erkrankten oder sich in der Endphase des Sterbens befindende Menschen, das erlebende Bewusstsein von den selbsterhaltenden Funktionen wie Hunger und Durst dissoziiert oder abgespalten ist. Das heißt, dass der Betreffende gar keinen Durst oder Hunger mehr empfindet und die Nahrungs- und Flüssigkeitsaufnahme nur noch mechanisch erfolgt.

Wer keinen Hunger empfindet, kann also nicht „verhungern", und wer keinen Durst empfindet, kann auch nicht „verdursten".

Wenn wir hier noch die wissenschaftliche Erkenntnis mit einbeziehen, dass nämlich ein Flüssigkeitsmangel zur Freisetzung körpereigener Endorphine führt, dann können wir ein Nachlassen des Hunger- und Durstgefühls, im Alter oder bei Sterbenden auf einen natürlichen Selbstschutzmechanismus zurückführen, der letztendlich vor den möglichen körperlichen Qualen während des Sterbeprozesses schützen soll.

Wir müssen in solchen Fällen lernen, mehr auf die Natur und ihren Lauf zu vertrauen als auf standardisierte pflegerische und medizinische Maßnahmen, die sich mehr

auf Forschungen an Menschen stützen, bei denen der
Sterbeprozess noch nicht eingesetzt hat.

Der Sterbeprozess eines Menschen kann sich über Minuten, Tage, Wochen, Monate oder sogar Jahre erstrecken.
Und wenn wir annehmen, dass die Geburt der Anfang
eines persönlichen Lebens und der Tod das Ende dieses
persönlichen Lebens ist, dann können wir sagen, dass der
Sterbeprozess eines Menschen in der Auflösung seiner
Persönlichkeit besteht, oder anders ausgedrückt, in der
Loslösung des Bewusstseins vom physischen Organismus und den darin verankerten gedanklichen und emotionalen Assoziationsmustern.

Wenn diese Loslösung stückweise erfolgt, kommt es früher oder später zu Dissoziationserscheinungen und damit
zu dem, was wir als Demenz bezeichnen. Der Mensch
stirbt dann partielle Tode, mit der Folge eines oft sehr
langen Sterbeprozesses, in dem sukzessiv immer mehr
Funktionen ausfallen, bis schließlich nur noch einige
Stammhirnfunktionen übrigbleiben, die Verdauung,
Herzschlag und Atmung aufrechterhalten.

Der Beginn einer Demenz entspricht somit auch dem Beginn des Sterbeprozesses, was aber nicht heißen soll, dass
alle Sterbeprozesse mit einer Demenz beginnen.

Hier erhebt sich nun die Frage, ob wir einem Menschen
wirklich einen Gefallen damit tun, wenn wir, wie es unsere Persönlichkeitskultur und unser Sozialgefüge befürworten, einzelne übrig gebliebene Fragmente einer

unwiederbringlich zerstörten Persönlichkeitsstruktur mit
allen pflegerischen, medizinischen und soziopsychologi-
schen Mitteln aufrechtzuerhalten versuchen – wobei wir
Worte wie Sterben oder Tod nur hinter vorgehaltener
Hand aussprechen – oder ob es vielleicht für das allgemeine Wohl dieses Menschen besser wäre, ihn gelegentlich an die Unvermeidbarkeit des Strebens zu erinnern
und den noch vorhandenen Persönlichkeitsfragmenten
zu erlauben, ihr natürliches Ende zu finden.

Wir sollten bei der Pflege und Betreuung alternder Menschen auch noch in Betracht ziehen, dass am Anfang eines natürlichen Lebenskreislaufs die Expansion und an
dessen Ende der Rückzug steht.
Deshalb ist es auch nicht verwunderlich, dass hochbe-
tagte Menschen nicht selten das Bedürfnis verspüren,
sich von der Welt zurückzuziehen. Einen solchen Rückzug brauchen wir nicht – wie manche Gerontologen das
tun – als negativ oder als Depression zu werten. Wir können ihn vielmehr als den Versuch eines Menschen betrachten, sich schon vor seinem physischen Tod von seiner Persönlichkeit und dem, was er in der Welt war, zu
lösen, weil irgendetwas in ihm erkannt hat, dass er diese
Dinge nicht mitnehmen kann.
Solche Menschen haben, wenn man sie denn lässt, oft
eine kürzere Sterbephase und finden einen friedlicheren
Tod. Denn die Hauptursache eines qualvollen Sterbeprozesses ist häufig ein sich nicht lösen können von der Persönlichkeit und von bestimmten Rollen, die der

betreffende Mensch im Laufe seines Lebens ausgefüllt
hat. Insofern sterben Menschen, die sich während ihres
Lebens einen freien Raum in ihrem Inneren bewahrt haben, leichter.

Wir müssen hier auch eingestehen, dass sich die heutige
Palliativmedizin, was ihre spirituellen Aspekte betrifft,
noch in den Kinderschuhen befindet. Denn in spiritueller
Hinsicht bestünde ihre Aufgabe nämlich auch darin, die
Qualen des Sterbeprozesses auch präventiv zu lindern o-
der zu verhindern. Das heißt: Sie müsste sterbenden
Menschen helfen, deren Schwerpunkt von der Persönlichkeit in ein Bewusstsein persönlichen Nicht-Seins zu
verlagern.
Doch das ist in unserer heutigen Kultur fast unmöglich,
weil in unserer modernen Gesellschaft der Persönlichkeitskult und ein regelrechter Erfolgswahn vorherrscht,
der mit seinen staatlichen und anerkannten Schulsyste-
men zwar wohlfunktionierende Automaten für die Wirtschaft rekrutiert, aber die spirituellen Seiten des Menschen vollständig vernachlässigt. Die spirituellen Seiten
eines Menschen führen dann in sogenannten „Sonntags-
religionen" oder fragwürdigen „esoterischen Kreisen"
ein Schattendasein oder verkümmern vollständig.
Dadurch verlagert sich der Werteschwerpunkt fast aller
Menschen vollständig in ihre Persönlichkeit, in eingenommene Rollen, in persönliche Vorlieben, Abneigungen, in Besitztümer und in die eigene Selbstdarstellung,
usw.

Aus diesen Gegebenheiten entstehen dann die allgemein anerkannten Wertsysteme, die Ruhm, Ehre, Anerkennung und ein dickes Portemonnaie usw. als höchstes Gut ansehen.

Wenn nun ein Mensch sein ganzes Leben lang nur für diese Dinge gelebt und gearbeitet hat, sich mit ihnen identifiziert hat und im Alter sein Körper und seine Persönlichkeit anfangen zu degenerieren, dann beginnt für ihn oft auch ein Horrorszenario des Sterbens. Denn er besitzt nichts als diese, manchmal auch nur in seiner Einbildung existierende Dinge, die spätestens mit seinem physischen Tod verschwinden werden.

Mit der fortschreitenden Degeneration seines Körpers kommt es auch zur fortschreitenden Dissoziation seiner Persönlichkeitsstrukturen, bis nur noch einzelne Fragmente eines einst funktionierenden Systems übrigbleiben. Irgendetwas in ihm versucht dann, sich an diese Überreste zu klammern, während sein Sterbeprozess unaufhaltsam fortschreitet.

Eine fast vollständig auf äußeren Erfolg ausgerichtete Gesellschaft steht nun diesen, zum Großteil von ihr selbst geschaffenen, bemitleidenswerten Kreaturen vollkommen hilflos gegenüber und bringt sie nicht selten per richterlichem Beschluss in geschlossenen Einrichtungen unter, wo sie in geistiger Umnachtung eine Art Schattendasein führen. Und weil ja „die Würde des Menschen unantastbar ist", wird dort alles dafür getan, um das

„Leben" solcher Kreaturen so lange wie möglich aufrechtzuerhalten.

Der medizinischen und pflegerischen Versorgung bleibt
dann nichts anderes übrig, als solche Menschen mehr o-
der weniger zu betäuben und ihnen momentane Tröstun-
gen oder gar Vertröstungen zuzusprechen, um ihnen das
letzte Stück Weg wenigstens einigermaßen erträglich zu
machen.

Und selbst wenn die Allgemeinmedizin und die Palliativmedizin guten Willens wären, Menschen präventiv zu
helfen, ihren Werteschwerpunkt vom Vergänglichen ins
Unvergängliche, vom Persönlichen ins Bewusstsein persönlichen Nicht-Seins, von der Form ins Formlose zu
verlagern, dann dürften ihre Ausübenden selbst nicht Anhänger eines Persönlichkeitskultes sein – und die Hilfe-
suchenden müssten bereit sein, sich schon vor ihrem
physischen Tod innerlich von dem in der Welt Erreichten
und den im Laufe ihres Lebens in ihrem Nervensystem
eingegrabenen Assoziationsmustern, das heißt, von ihrer
Persönlichkeit zu trennen. Außerdem benötigte die Medizin ein klares, religionsübergreifendes und dogmen-
freies Menschenbild. Eines, das nicht wie ihr jetziges aus
vagen „Selbstverständlichkeiten" sowie Glaubensdog-
men, gemischt mit Fragmenten naturwissenschaftlicher
Erkenntnis, besteht und in unhinterfragten Glaubenssät-
zen wie „Die Seele des Menschen ist unsterblich", „Die
Würde des Menschen ist unantastbar" oder „Das Ganze
ist mehr als die Summe seiner Teile" gipfelt.

Sondern: Sie benötigte ein Menschenbild, das naturwissenschaftliche Erkenntnisse und die Erkenntnisse großer spiritueller Lehrer, die bis in die überpersönlichen Bereiche des Bewusstseins vorgedrungen sind, in sich vereinigt.

Weil aber nur in einem von Dogmen, der Persönlichkeit und dem sogenannten „Ich" befreiten Bewusstsein ein Jesus neben einem Buddha, ein Bodhidharma neben einem Mohamed, ein Lao Tse neben einem Jalaluddin Rumi usw. existieren kann – und neben diesen auch noch naturwissenschaftliche Erkenntnis –, scheint es fast unmöglich, dass man sich jemals auf ein umfassendes, klares und objektives Menschenbild einigen wird. Und würde es je einer wagen, ein solches Menschenbild vorzubringen, würden sich sicher sofort alle Dogmenreiter, gleich welcher Herkunft, empören und „kreuziget ihn" rufen.

Und vor allem müssten auch Konsequenzen aus den modernen wissenschaftlichen Erkenntnissen gezogen werden.

Denn was ist denn der Unterschied zwischen der Erkenntnis eines Buddhas, die das „Ich" als Illusion oder als aus Einbildungen bestehend bezeichnet, und der naturwissenschaftlichen Erkenntnis moderner Hirnforschung, dass das „Ich" lediglich eine Konstruktion unseres Gehirns sei?

Der einzige Unterschied ist der, dass Buddha die Konsequenzen daraus gezogen hat, wir aber nicht. Wir halten weiter an unserer selbst kreierten Scheinwelt fest und lassen solche Wahrheiten erst gar nicht bis zu unserem Verstehen vordringen.

Solche Inkonsequenz spiegelt wohl die unüberbrückbare Kluft wider, die sich zwischen Wissen und Sein des modernen Menschen auftut. Sein Wissen reicht 20 Milliarden Lichtjahre ins Universum hinaus, es reicht bis tief in die Materie hinein, bis zu Protonen, Neutronen, Elektronen, Quarks, Lichtquanten, Neutrinos und Dunkler Materie usw., bis hin zur Relativität von Raum und Zeit. Aber in seinem Sein ist er ein primitives und abergläubisches Wesen geblieben, eines, das seinen Bruder für ein paar Glitzersteinchen, ohne zu zögern, den Kopf einschlägt. Er ist Sklave seiner mechanisch ablaufenden Assoziationsmuster und konditionierten Reflexe, wähnt sich aber als „Herrn der Welt" oder als „Krone der Schöpfung".

Allein eine solche Erkenntnis, dass unser „Ich" aus Illusionen und Einbildungen besteht, zu verinnerlichen und die Konsequenzen daraus zu ziehen, würde unser gesamtes Wertesystem auf den Kopf stellen und vielleicht Mitgefühl an die Stelle von Habsucht treten lassen. Vage Begriffe wie Würde, Leben und Lebensqualität müssten vollkommen neu überdacht und definiert werden.

Und in dem Augenblick, in dem uns wirklich bewusst würde, dass unser so hochgeschätztes „Ich" eine Fata Morgana ist, wäre unser Bewusstsein nicht mehr nur ein Epiphänomen unserer Persönlichkeit, sondern es wäre davon losgelöst und würde zu einem kosmischen

Phänomen werden, weil es, ebenso wie unsere Milchstraße, unser Planetensystem, unser Planet Erde und unsere Organismen, innerhalb eines Kosmos vorhanden ist. Der physische Körper und die Persönlichkeit wären dann eine Wohnstatt, in der dieses Bewusstsein residiert, und sie wären lediglich Vehikel, um mit der Welt Kontakt aufzunehmen.

Und wenn dieser Körper und diese Persönlichkeit beginnen würden zu zerbröckeln, welchen Sinn würde es dann für dieses Bewusstsein machen, noch weiter darin zu verweilen?

Wir aber beharren darauf, unsere Wohnstatt in einem einstürzenden Haus zu errichten, in einem fast schon verrotteten Körper zu verweilen. Ist das noch Würde?

Mit einem kaputten Werkzeug zu arbeiten, als wolle man mit einem abgebrochenen Schlüssel eine Tür öffnen – ist das noch Würde oder Lebensqualität?

Einige Worte Jesu aus dem Evangelium nach Thomas[16] zu diesem Thema lauten so:

„Wenn das Fleisch entstanden ist wegen des Geistes, ist es ein Wunder. Wenn aber der Geist wegen des Körpers (entstanden ist), ist es ein wunderbares Wunder. Jedoch wundere ich mich darüber, wie dieser große Reichtum in dieser Armut Wohnung genommen hat. (Logion *29 p.38,31-39,2)*

---

[16] Schröter, Jens/Bethge, Hans-Gebhard: Das Evangelium nach Thomas (NHCII,2)

Während des Sterbeprozesses an der Persönlichkeit festzuhalten ist so, als wollten wir die äußere und flüchtige
Form einer aus dem Ozean hervorgegangenen Welle festhalten. Aber genau das tut der Mensch und schafft sich
dadurch zusätzliches und unnötiges Leid, weil er die
flüchtige Form seiner Persönlichkeit letztendlich doch
nicht festhalten kann. Er könnte aber *mit der sich wandelnden Welle* sein, indem er sich auf sein unwandelbares,
formloses Bewusstsein besinnen würde.

Deshalb lehren uns große spirituelle Lehrer, im Hier und
Jetzt zu leben und in tiefer Meditation den Zustand persönlichen Nicht-Seins zu erfahren.

Hier stellen sich nun folgende Fragen:

Ob die, in der Altenpflege oft mit großer Begeisterung
praktizierte, von Gerontologen hochgeschätzte Biographiearbeit einen Menschen nicht noch mehr auf seine
Vergangenheit orientiert, fixiert und reduziert, sodass er
permanent daran gehindert wird, *mit der sich wandelnden
Welle im Hier und Jetzt zu sein?*

Ob solche Biographiearbeit mehr zur Selbstberuhigung
der Pflegenden und Betreuenden dient, als dem Wohl des
alten Menschen?

Ob wir mit medizinischem Hinauszögern des Sterbeprozesses ein *der Welle hinterherhinken* fördern?

Des Weiteren müsste sich eine fundierte Palliativpflege
und Palliativmedizin auch mit Fragen zum Leid und dem
Sinn des menschlichen Lebens beschäftigen:

Was das Leid betrifft, kann zwischen vermeidbarem und unvermeidbarem Leid unterschieden werden.

Unvermeidbares Leid kommt grundsätzlich durch den, dem Leben innewohnenden, unaufhörlichen Wandel zustande und bezeichnet die Phasen des Übergangs von einem Zustand in einen anderen. Es ist der Natur der Dinge innewohnendes Leid.

Vermeidbares Leid entsteht durch das absichtliche Verzögern oder Forcieren von Übergängen.

Wenn es um den Sinn des menschlichen Lebens geht, müssen wir, wenn wir aufrichtig sind, eingestehen, dass wir darüber nicht viel oder gar nichts wissen. Wir können aber sagen, dass jeder persönliche, subjektive Lebenssinn relativ ist. Was von einem Standpunkt aus Sinn macht, ist von einem anderen Standpunkt aus gesehen, vollkommener Unsinn und umgekehrt.

Was den überpersönlichen oder kosmologischen Sinn angeht, finden wir in einer alten Taoistischen Überlieferung[17] folgende denkwürdige Aussage:

„Der Meister Lü Dsu sprach: Himmel und Erde gegenüber ist der Mensch wie eine Eintagsfliege. Aber dem großen Sinn gegenüber sind auch Himmel und Erde wie eine Luftblase und ein Schatten. Nur der ursprüngliche Geist und das wahre Wesen überwindet Zeit und Raum."

---

[17] Wilhelm, Richard: Geheimnis der goldenen Blüte: das Buch von Bewusstsein und Leben.

Was sollten der „ursprüngliche Geist und das wahre Wesen" wohl anderes sein, als das ursprüngliche, ungeformte Bewusstsein?

Auch wenn wir den hohen Ansprüchen eines wirklich
würdevollen Sterbens meist nicht genügen können – sei
es aus politischen, gesellschaftlichen oder rechtlichen
Gründen, aus spiritueller Armut, aus mangelnder Bereit-
schaft des Sterbenden, aus Unverstand der Angehörigen,
der Pflegenden oder der Mediziner – und ein solches
Sterben nur einzelnen Individuen vorbehalten bleibt, so
können wir dennoch in der Endphase des Sterbens, in
pflegerischer und medizinischer Hinsicht sehr viel tun,
um einem Menschen den Übergang zu erleichtern.

Über die bedürfnisgerechte Ernährung alternder und sterbender Menschen

Eine bedürfnisgerechte Ernährung sollte den Phasen eines natürlichen Lebenskreislaufs entsprechen.

Die bedürfnisgerechte Ernährung während der Phasen der Verkörperung und der Aufrechterhaltung ist bereits ausgiebig erforscht worden. Die aus diesen Forschungen hervorgegangenen Empfehlungen reichen von der Ernährung eines Fötus und eines Säuglings bis hin zur Ernährung von Kleinkindern, Jugendlichen, Erwachsenen und Spitzensportlern usw. Dabei wurde aber die letzte Phase innerhalb eines natürlichen Lebenskreislaufs, nämlich die Phase der Degeneration, verbunden mit der Vergeistigung des Bewusstseins, nie berücksichtigt. Das ist wohl auf das Todestabu in unserer vom Persönlichkeitskult geprägten Gesellschaft zurückzuführen. Es wird daher versucht, die Ernährungsempfehlungen für Wachstum und Aufrechterhaltung auch auf den sich in der Degenerations- und Sterbephase befindenden Menschen anzuwenden. Zu diesem Zweck werden dann spitzfindig ausgeklügelte Standards für die Ernährung alternder und dementer Menschen entworfen, welche unhinterfragt von der Fachwelt angebetet, bejubelt und per Gesetz durchgesetzt werden. Dies geschieht alles zum „Wohle" des Menschen, wobei man aber die eigentliche und offensichtliche Tatsache übersieht, dass man dadurch den Lebenskreislauf eines Menschen daran hindert, sich

natürlich zu vollenden, und das Leid eines Menschen e-
her verlängert und verstärkt, anstatt es zu verringern.
So entsteht die groteske Situation, dass dem schon mit
einem Bein im Grab stehenden Menschen hochkalorische Aufbaukost angeboten wird oder sogar listige Methoden angewendet werden, um sie ihm einzuflößen.

Im Rahmen eines natürlichen Lebenskreislaufes sollte
aber die Ernährung am Ende eines Lebens eher minimal
statt üppig sein.

Und zwar aus folgenden Gründen:
Durch eine Minimalernährung wird der Körper fein und
leicht.
Weil die Organfunktionen im Alter nachlassen, führt eine
üppige Ernährung zu außergewöhnlichen Stoffwechsel-
belastungen. Eine belastete Stoffwechselsituation er-
schwert die natürlich einsetzende Vergeistigung am Ende
eines Lebenskreislaufs.
Ein gewichtiger Körper führt zu Gelenkbeschwerden
und Trägheit.
Ein mit Nahrung und Flüssigkeit überfüllter Körper be-
lastet das Herzkreislaufsystem – mit der Folge von
Schwerfälligkeit, Wasseransammlungen im Gewebe bis
hin zu Atemnotsyndromen.
Minimalernährung reduziert den Bedarf an Medikamenten oder macht diese vollständig überflüssig.
Minimalernährung entspricht dem natürlichen Nachlassen von Organfunktionen im Alter.

Ferner sollten wir uns fragen, *was* wir überhaupt ernähren und *was* wir aufrechterhalten, wenn wir, so wie es in Pflegeheimen praktiziert wird, eine nur noch aus Restfunktionen bestehende Person mit Nahrungsmitteln überhäufen, um ihr vielleicht einen gewissen Gaumenkitzel zu bescheren?

In einer dementen Person sind nämlich bereits mehrere Teile der Persönlichkeit ausgefallen, sodass im Extremfall nur noch ein bis zwei Gedankenmuster oder emotionale Muster aktiv sind und sich ständig wiederholen. Die durch Nahrung und Sinneseindrücke zugeführte Energie kann dann von den brachliegenden Persönlichkeitsteilen nicht mehr verbraucht oder verarbeitet werden und fließt zusätzlich in die wenigen noch aktiven Muster. Gesteigerte Umtriebigkeit und Unruhezustände, die oft nur durch dämpfende Medikamente beherrscht werden können, sind dann die Folge.

Weil eine Demenz nicht mehr umkehrbar oder heilbar ist, beschränken sich dann die medizinische Versorgung, die Pflege und die Ernährung dieser Menschen auf die Erhaltung solcher Restfunktionen. Hierbei wird aber nicht bedacht, dass es sich dabei mehr um eine medizinische, pflegerische Aufrechterhaltung und Ernährung des Wahnsinns als um eine Wohltat für den Menschen handelt.

Oft kann beobachtet werden, dass es bei Menschen, die sich im Anfangsstadium einer Demenz befinden, irgendwann zu einer plötzlichen Verschlechterung oder zu

einem „Einbruch" des Allgemeinzustandes kommt.
Während solch eines „Einbruchs" nehmen sie oft nur
wenig oder gar keine Nahrung und Flüssigkeit mehr zu
sich. Eigentlich wäre dies der Zeitpunkt, der Natur ihren
Lauf zu lassen und nicht immer wieder zu versuchen, den
Betroffenen Nahrung einzuflößen, sie zum Essen zu
überreden, ihnen Infusionen zu verabreichen oder medizinisch alles dafür zu tun, sie am „Leben" zu halten. Wir
würden ihnen nämlich so die Möglichkeit geben innerhalb ihres natürlichen Lebenskreislaufs zu bleiben und
aus diesem Leben zu scheiden, bevor sie, wie so oft, viele
Jahre in einem noch desolateren Zustand den Rest ihres
Daseins verbringen müssen.

Denn sind erst mal, durch ständiges Überreden zum Essen, durch hochkalorische Kost oder durch Gabe von Infusionen und Medikamenten usw., die selbsterhaltenden
Stammhirnfunktionen wieder aktiv geworden, erfolgt die
Nahrungsaufnahme, oft über Jahre, nur noch mechanisch, und zwar gleichgültig, in welchem Zustand sich der
betroffene Mensch befindet.

Die Endphase des Sterbens

Um einen Menschen in der Endphase des Sterbens pflegerisch, medizinisch und bedürfnisgerecht begleiten zu können, sollten wir Folgendes bedenken und verinnerlichen:

Die Unvermeidbarkeit des Sterbens:

Das Leben eines Menschen gleicht einer Welle, die aus dem Ozean des Lebens emporsteigt und, nachdem sie ihren Höhepunkt erreicht hat, auch wieder verebbt und sich auflöst.

Natürlich wissen wir das. Aber trotzdem wird nicht selten versucht, einen Menschen, der sich in der Endphase des Sterbens befindet, wieder zurückzuholen oder sein Sterben hinauszuzögern. Daran wäre ja auch nichts auszusetzen, solange es sich um einen Menschen handelt, der sich noch in der Formungs- oder Erhaltungsphase seines natürlichen Lebenskreislaufs befindet; und solange anzunehmen ist, dass er sich auch wieder vollständig erholt, wenn er zurückgeholt wird. Handelt es sich aber um einen Menschen, der sich schon in der Auflösungsphase seines natürlichen Lebenskreislaufs befindet und möglicherweise auch schon an Demenz leidet, ist die Sache nicht mehr so einfach. Dann nämlich müssen wir, weil das Sterben letztendlich unvermeidbar ist, uns fragen: *Was* holen wir zurück und *wohin* holen wir jemanden zurück? Ob wir den Menschen in einen schlimmeren

199

Zustand als vorher zurückholen? Ob wir seinen natürlichen Sterbeprozess stören und unnötigerweise verlängern, indem wir standardisierte Rettungsmaßnahmen über ihn ergehen lassen? Und ob wir sein Leiden unnötigerweise verlängern, indem wir, durch Medikamente jeglicher Art, durch Sondenernährung oder Infusionen, sein Sterben hinauszögern?

Manche mögen hier einwenden, dass wir nicht das Recht besitzen, über das Leben und den Tod eines anderen Menschen zu entscheiden. Woher aber nehmen wir dann das Recht, uns in den natürlichen Sterbeprozess eines anderen Menschen einzumischen und ihn hinauszuzögern? Ob wir es wollen oder nicht, ob wir das Recht haben oder nicht, wir müssen uns für etwas entscheiden. Im Zweifelsfalle immer für das Wohl des Sterbenden und den natürlichen Lauf der Dinge.

Der Beginn des Sterbens:

Das Sterben eines Menschen beginnt oft schon Jahre vor seinem körperlichen Tod und ist durch Degenerationsprozesse wie das Nachlassen von Organfunktionen und geistigen Fähigkeiten gekennzeichnet. Fortgeschrittene Demenz bedeutet dann auch fortgeschrittener Sterbeprozess, was aber nicht bedeutet, dass sich ein solcher Mensch bereits in der Endphase seines Sterbeprozesses befindet. Letztere beginnt oft damit, dass der betreffende Mensch, wenn er nicht einen plötzlichen Tod stirbt, aufhört Nahrung zu sich zu nehmen, nur wenig oder gar keine Flüssigkeit mehr zu sich nimmt und sich innerlich mehr und mehr zurückzieht. Auf Ansprache antwortet er oft angestrengt, spärlich oder gar nicht.

Wir können diesen anfänglichen Prozess der Endphase des Sterbens als natürliche und letzte Vorbereitung auf den nahenden Tod sehen. Mit ein wenig Glück hat ein solcher Mensch Angehörige oder auch Pflegende und Mediziner um sich, die seine Situation verstehen und ihn in Ruhe lassen. Dann kann dieser Mensch, je nach Konstitution und aufgenommener Nahrungs- und Flüssigkeitsmenge, innerhalb weniger Tage bis weniger Wochen eines natürlichen Todes sterben.

Eine solche natürliche und letzte Vorbereitung auf den nahenden Tod bleibt allerdings denen verwehrt, die bereits über eine Magensonde ernährt werden. Sie müssen oft einen grausamen Tod sterben. Weil nämlich in der Endphase des Sterbens die Organfunktionen massiv nachlassen, kann die, von den Ernährungsexperten empfohlene, oft zwanghaft zugeführte Nahrungs- und Flüssigkeitsmenge nicht mehr vom Organismus verarbeitet werden. Es kommt dann häufig zur Ansammlung von Flüssigkeit in der Lunge, mit der Folge von Atemnot und dem Erbrechen der zugeführten Nahrung. Wenn die Nahrungszufuhr in dieser Phase nicht eingestellt wird, kommt es meist zum Erstickungstod des betroffenen Menschen. Trotz dieser Tatsache gibt es immer noch ehrgeizige Mediziner und Pflegende, die den Angehörigen von Demenzkranken, die keine Nahrung mehr zu sich nehmen, sagen, sie würden den erkrankten Menschen

verhungern lassen, wenn sie das Legen einer Magensonde
ablehnen.

Der Todeskampf:

Der Todeskampf tritt regelmäßig in der Endphase des
Sterbens auf und ist, je nach individueller Konstitution,
stärker oder schwächer ausgeprägt. Er kann Minuten,
Stunden oder Tage dauern.

Verursacht wird der Todeskampf einerseits durch die im
Stammhirn angelegten Funktionen der Selbsterhaltung;
diese versuchen, gleichgültig, was geschieht, Atmung und
Herzschlag aufrechtzuerhalten. Andererseits sind es die
Anhaftungen des Bewusstseins am Körper und an Strukturen der Persönlichkeit, mit denen sich der betreffende
Mensch während seines Lebens stark identifiziert hat.
Aber auch eventuelle Gewissenskonflikte durch unerle-
digte Dinge, die nicht mehr erledigt werden können, oder
im Leben begangene Taten, die nicht mehr rückgängig
gemacht werden können, spielen hier eine Rolle.

Die Kennzeichen des Todeskampfes sind:
- Hastiges, aufgeregtes Atmen.
- Kaltschweißigkeit.
- Angespannte Gesichtsmuskulatur.
- Körperliche Unruhezustände.
- Rasche Augenbewegungen bei offenen oder geschlos-
  senen Lidern.
- Ängstlicher Blick und Gesichtsausdruck.

Der Todeskampf ist Ausdruck des Übergangs der Form
in die Formlosigkeit, des persönlichen Seins ins persönliche Nichtsein, der „Auflösung der Welle im Ozean".
Der Todeskampf ist ein wichtiger Bestandteil des Sterbeprozesses in der Endphase, weil er die endgültige Lö-
sungsphase des Bewusstseins vom Körper und der Persönlichkeit darstellt.

Wir können und sollten hier nur lindernd eingreifen
durch:

- Möglichst entspannte Lagerung.
- Unterlassung von Nahrungs- und Flüssigkeitszu-
  fuhr.
- Wenn erforderlich, angstlösende und eventuell auch
  schmerzlindernde Medikamente.
- Als „Begleiter" eines sterbenden Menschen sollten
  wir in seiner Gegenwart stets eine todesbejahende
  Haltung einnehmen, indem wir ihn innerlich loslas-
  sen und unsere Aufmerksamkeit auf die innere
  Leere des formlosen Bewusstseins richten.
- Wenn wir den Sterbenden berühren, sollten wir dies
  nicht „klammernd" sondern „loslassend" tun. Und
  weil sich während des Sterbens die Lebenskraft im
  Körper zentralisiert, was wir am Kaltwerden der
  Extremitäten bemerken, sollten wir ihn auch nur
  sanft an zentralen Stellen seines Körpers berühren.
  Zum Beispiel in Nähe des Bauchnabels, über dem
  Solarplexus, in der Mitte des Brustkorbes, in der
  Mitte der Stirn oder am Schädeldach. Die

Entscheidung, wo wir ihn berühren, überlassen wir
ganz unserem Gefühl, während unsere Aufmerksamkeit auf die innere Leere gerichtet ist.

Das Aufhören des Todeskampfes:

Wenn der betreffende Mensch nicht schon während des
Todeskampfes stirbt, beginnen sich gegen Ende der Loslösungsphase die Gesichtsmuskulatur und der gesamte
Körper zu entspannen, das Gesicht ist glatt und entspannt, der Blick verklärt ins Leere schauend, die Atmung
erfolgt nur noch mechanisch. Die „Welle ist wieder zum
Ozean geworden".

Hier gibt es in pflegerischer Hinsicht nicht mehr zu tun,
außer stillem Gegenwärtig Sein.

Besondere Lagerungen, zur Vermeidung eines Dekubitus, oder andere invasive pflegerische Maßnahmen sind
hier auch nicht mehr angebracht.

Der Körper gleicht jetzt einem Gefährt, aus welchem der
Fahrer ausgestiegen ist. Das Fahrzeug ist leer. Es rollt
noch einige Zeit dahin, bis es mit einem letzten Ausatmen
endgültig zum Stehen kommt. ... STILLE ...

Spezielle pflegerische Maßnahmen:

Zur Lagerung:

Die Lagerung eines Sterbenden sollte so sein, dass die größtmögliche Entspannung und eine erleichterte Atmung möglich sind. Dazu eignet sich meist die flache Rückenlage oder die sogenannte Totenlage am besten.

Oberkörperhochlagerung und Seitenlagerung sind nur selten angebracht. Sollte dennoch eine Seitenlagerung erforderlich sein, ist die Rechtslagerung vorzuziehen, um den Druck auf das Herz zu vermindern.

Ferner sollte bei der Lagerung, sofern möglich, auf eine symmetrische Ausrichtung der Gliedmaßen geachtet werden, da in symmetrischer Lage die größtmögliche Entspannung erfolgen kann.

Zur Atmung:

In der Endphase des Sterbens ist die Atmung oft mit einem Rasselgeräusch verbunden, das aber meist keinerlei Maßnahmen bedarf, solange der Atem frei fließt. Es kommt aufgrund des fehlenden Schluckreflexes durch eine Flüssigkeitsansammlung im Rachen sowie durch die Erschlaffung des Gaumensegels zustande und ist der Atmung meist nicht hinderlich, wenn auf orale und parenterale Flüssigkeitszufuhr verzichtet wird.

Bei flacher Rückenlage kann sich die Flüssigkeit im hinteren Rachen sammeln, wobei der Atem frei darüber hinweg fließt. Bei Oberkörperhochlagerung fließt diese Flüssigkeit, der Schwerkraft folgend, immer wieder in die

Trachea und der Sterbende muss sie immer wieder ab-
husten, was sehr beschwerlich sein kann.

Zum Absaugen:
Ein Absaugen der Atemwege ist meist nur dann erforderlich, wenn dem Sterbenden „wohlmeinend" Flüssigkeit
zugeführt wird, welche sich, durch die eingeschränkte
Nieren- und Herzfunktion während des Sterbeprozesses,
ihren Ausweg über die Lungen sucht und die Atmung
massivst behindert.

Zur Nahrungs- und Flüssigkeitszufuhr:
Viele Palliativmediziner vertreten die Meinung, dass das
„Verhungern" oder „Verdursten" eines sterbenden Menschen ein Mythos sei, da der Sterbende in der Endphase
gar keinen Hunger oder Durst mehr empfindet.
Lediglich durch ausgetrocknete Mundschleimhäute kann
ein Durstgefühl entstehen, welches durch Feuchthalten
der Mundschleimhäute verhindert werden kann.
Eine Zufuhr von Nahrung oder Flüssigkeit würde den
sterbenden Organismus nur unnötig belasten.

Zur Mundpflege:
Zur Vermeidung des Durstgefühls sollten die Mundschleimhäute eines Sterbenden stets feucht gehalten werden. Dies kann z. B. mit Wasser oder mit Glycerin ge-
tränkten Tupfern, gefüllten Sprühfläschchen, oder aber
auch mit künstlichem Speichel geschehen.

Zur Sauerstoffgabe:

Die Sauerstoffgabe bei Sterbenden in der Endphase wird
von vielen Palliativmedizinern abgelehnt, da es lediglich
zur Austrocknung der Schleimhäute führt und auch keinen weiteren Nutzen mehr bringt.

Selbstverständnis der Altenpflege:

Wirkliche Altenpflege besteht darin,

Sterbenden Menschen das Dasein zu erleichtern

und

ihnen beizustehen

in ihren letzten Stunden

!!!

Anhang

Zur Vervollständigung dieses Buches soll hier im Anhang noch ein Kapitel[18] über praktische Methoden zur Sammlung des Bewusstseins im Formlosen angefügt werden, damit der Leser etwas zur Hand hat, das ihm helfen kann, für sich selbst ein Gravitationsfeld im ursprünglichen Bewusstsein zu schaffen und um sich schon zu Lebzeiten auf das Ende seines Lebenskreislaufs vorbereiten zu können.

Denn es wird nicht genügen, wenn wir uns nur theoretisch mit endgültigen Fragen beschäftigen. Wir müssen das in diesem Buch Beschriebene nicht nur studieren, sondern wir müssen auch ein wenig an uns selbst experimentieren, um praktische Erfahrungen zu sammeln und den größtmöglichen Nutzen für uns selbst und für unsere Mitmenschen aus diesem Buch ziehen können.

Wir müssen uns auf unser ursprüngliches, formloses Bewusstsein, auf unser wahres Wesen und auf wesentliche Dinge *besinnen*. Das heißt, wir müssen für diese Dinge einen Sinn entwickeln, damit wir sie überhaupt erst wahrnehmen können. Die im Folgenden beschriebenen Methoden sollen uns sozusagen zur Besinnung bringen.

---

[18] Dieses Kapitel wurde aus „Erwachen zum wirklichen Sein", einem anderen Buch des Verfassers übernommen.

Methoden zur Sammlung des Bewusstseins im Formlosen

In diesem Kapitel werden wir von einigen inneren Methoden und deren Wirkmechanismen sprechen, die, wenn wir sie praktizieren, die Bildung eines Schwer- und Sammelpunktes in unserem innersten, leeren Bewusstsein fördern und die innere Einheit unseres Seins ermöglichen.

Wir werden sowohl Methoden beschreiben, die nur in stiller Zurückgezogenheit praktiziert werden sollten, als auch solche, die wir in unserem alltäglichen Leben anwenden können.

Weil diese Praktiken schon seit „Urzeiten" existieren und in den unterschiedlichsten spirituellen Lehren, wenn auch in leicht abgewandelter Form zu finden sind, kann ihre Herkunft oft auch keiner ausschließlichen Quelle zugeordnet werden, weshalb wir im Folgenden auch auf explizite Quellenzuordnungen verzichten werden.

Wir werden in diesem Kapitel weitgehend auf die Darstellung körperlicher Übungen verzichten, was aber nicht bedeuten soll, dass wir vollständig darauf verzichten können. Vielmehr sollten wir, um den größtmöglichen Nutzen aus den folgenden Methoden zu ziehen, auch körperliche Übungen in unser tägliches Programm mit aufnehmen. Das können zum Beispiel Dehn- und Streckübungen jeder Art, Yoga, Tai-Chi, Chi Gong, Lu Jong oder Ähnliches sein.

Das alles mag jeder für sich selbst entscheiden. In jedem Fall sollte es den Körper geschmeidig und für energetische Ströme durchlässig machen sowie eine natürliche Atmung fördern. Es müssen auch nicht stundenlang andauernde Übungen sein. Zehn bis zwanzig Minuten am Morgen oder bevor wir uns zur Meditation hinsetzen, können schon ausreichen.

Die hier beschriebenen Übungen stellen zwar kein vollständiges und abgeschlossenes System zur spirituellen Vollendung dar, können dem Leser aber ein Wegweiser sein und ihm helfen die wesentlichen Grundlagen und Fundamente für den Inneren Weg in sich zu errichten.

Wer sich jedoch für ein komplettes System zur Kultivierung von Körper und Geist interessiert, der sei hier auf Falun Dafa, einem von Meister Li Hongzhi gelehrten, großen Weg zur Vollendung, hingewiesen, zu dessen Verständnis die Bücher des Verfassers einen bescheidenen Beitrag leisten mögen. Literatur und Übungsvideos zu diesem auf Wahrheit, Barmherzigkeit und Nachsicht basierenden Weg findet der

Leser unter www.falundafa.de, als auch im Buchhandel.

Trotz aller öffentlicher Kritik durch den von seinem Urgrund sich entfernenden, niederträchtigen Menschen, der grausamen, gewalttätigen und bösartigen Verfolgung von Falun Dafa Anhängern durch die niederträchtige KPCH, ist es dennoch ein aufrichtiger und guter Weg.

Entspannte Körperhaltung

Unser Körper sollte stets, ob in Ruhe oder in Bewegung, eine möglichst entspannte Haltung einnehmen.

Dies erreichen wir am einfachsten, wenn wir beim Gehen, Stehen, Sitzen oder Liegen das Gewicht unseres Körpers verspüren, und, wenn wir einen Gegenstand heben oder tragen, zusätzlich auch noch das Gewicht dieses Gegenstandes bewusst wahrnehmen.

Hierdurch werden sich nämlich alle Muskeln, die wir gerade nicht benötigen, entspannen, und alle, die wir gerade benötigen, werden sich nur so viel als nötig anspannen. Dadurch können wir eine Menge Energie einsparen, die wir ansonsten sinnlos in unnötigen Muskelanspannungen und Verspannungen vergeuden würden. Zudem ist es eine gute Übung, die Ausrichtung unserer Aufmerksamkeit zu trainieren.

Natürlich können wir diese Übung wie immer nur dann praktizieren, wenn wir uns auch daran erinnern.

Meditation

Im Allgemeinen wird „Meditation" als eine Art des konzentrierten „Nachdenkens" oder „Nachsinnens" verstanden. Hier in unserem Zusammenhang meinen wir aber nichts dergleichen, sondern eher das Gegenteil. Wenn wir Meditation als „Bewegung zur Mitte" oder als ein „Zur Mitte kommen" verstehen, dann sind wir der Sache schon etwas näher. Und wenn wir „Mitte" als etwas begreifen, das genau zwischen den polarisierten Gegensätzen liegt, dann bedeutet Meditation, unsere Aufmerksamkeit genau zwischen innen und außen, zwischen oben und unten, zwischen aktiv und passiv, zwischen Ja und Nein, zwischen männlich und weiblich, zwischen Fülle und Leere, zwischen Himmel und Erde, usw. zu *platzieren*. Dadurch wird alles ins Gleichgewicht kommen. Alles wird das gleiche Gewicht haben. Und wenn alles das gleiche Gewicht hat, wird alles stillstehen. Die Gedanken, die Emotionen und wir selbst werden stillstehen – sich selbsterfüllende, Glückselige Stille – Meditation.

Wir können einen solchen Zustand nicht absichtlich erzeugen, weil zum einen, jede Absicht irgendeinem polarisierten Gegensatz zugehört und deshalb außerhalb dieses Zustandes liegt, und zum anderen, weil wir in diesem Zustand als das, was wir gewöhnlich sind, nämlich als „Identitäten" nicht mehr vorhanden sein werden. Deshalb können wir nur die

Bedingungen für diesen Zustand der STILLE schaffen, damit er am Anfang vielleicht nur für einen kurzen Moment, und eines Tages, ohne unser Zutun, ganz spontan, für längere Zeit eintreten kann. Damit dieser Zustand dann dauerhafter werden kann, müssen wir immer und immer wieder, ob mit oder ohne Erfolg, versuchen die Bedingungen dafür zu schaffen. Wir müssen sozusagen „Bahnen graben", um ein häufigeres und länger dauerndes Auftreten dieses Zustandes, durch den sich das Bewusstsein im leeren Raum zu sammeln beginnt, zu ermöglichen.

Wir sollten uns täglich eine bestimmte Zeit, in der wir ungestört sein können, dafür reservieren. Am Anfang vielleicht nur eine halbe Stunde und später ca. ein bis zwei Stunden. Jedenfalls sollten wir nach und nach in der Lage sein für ca. eine Stunde mit geradem Rücken zu sitzen, ohne dabei einzuschlafen. Wer mit gekreuzten Beinen nicht gerade sitzen kann, dem sei ein Zen Schemel empfohlen, der auch für uns Abendländer ein längeres, anstrengungsloses Sitzen mit geradem Rücken möglich macht. Am idealsten wäre jedoch der doppelte Lotussitz, der mit ein wenig Mühe auch von uns Abendländern erlernt werden kann.

Was nun die im Sitzen auszuführende Methode zur Schaffung der Bedingungen für das Eintreten der STILLE betrifft, so scheint die von Meister Lü Dsu[19]

---

[19] Siehe: Richard Wilhelm: Das Geheimnis der goldenen Blüte.

beschriebene Methode wohl eine der effizientesten zu sein.

Wir müssen dafür weder unseren Beruf oder unser gewohntes Leben aufgeben, noch müssen wir uns in die vollständige Einsamkeit zurückziehen oder irgendeinem Mönchtum beitreten.

Sobald wir uns mit geradem Rücken niedergesetzt haben, ruhen unsere Hände ineinandergelegt und mit den sich berührenden Daumen ein Oval bildend auf unseren Beinen vor dem Unterbauch.

Während wir das Eigengewicht unseres Körpers verspüren, senken die Augenlider zur Hälfte oder etwas mehr, sodass gerade noch ein wenig Licht einfällt und wir die Konturen der Dinge in unserer Umgebung nur noch diffus erkennen können.

Nun richten wir einen Teil unserer freien Aufmerksamkeit auf das diffus einfallende Licht und auf das Ein- und Ausströmen des Atems, ohne diesen zu verändern, sowie auf die einfallenden Geräusche oder auch auf die einfallende Stille, wenn keine Geräusche da sind, und auf den Gedankenstrom in unserem Kopf, der durch die volle Inanspruchnahme unserer Aufmerksamkeit auch manchmal versiegen kann.

Insofern der Verfasser im Folgenden die Worte von Meister Lü Dsu aus dem „Tai I Gin Hua Dsung Dschi" interpretiert, sei der Leser darauf hingewiesen, dass auch andere Interpretationen, die ebenso plausibel sein mögen, möglich sind.

Dabei genügt es, wenn wir diese Dinge nur diffus
wahrnehmen. Es kann auch hilfreich sein die Atem-
züge zu zählen; aber ohne sich besonders darauf zu
konzentrieren, sodass das Zählen ganz am Rande in
die diffuse Wahrnehmung von einfallendem Licht,
Atembewegungen und Geräuschen mit einfließt.

Und dann richten wir gleichzeitig noch den Rest Teil
unserer Aufmerksamkeit auf den leeren Raum, oder
wie Meister Lü Dsu empfiehlt, auf die Leere zwischen unseren beiden Augen.

Dabei wird es immer wieder vorkommen, dass wir
uns im Strom der Gedanken verlieren, dass sich unsere Aufmerksamkeit an eine Erinnerung, eine Er-
wartung, einen Gedanken, an ein einzelnes Geräusch,
an eine einzelne Körperempfindung oder irgendeine
andere Sinnesempfindung heftet und wir uns in den
dadurch ausgelösten, gedanklichen Assoziationsket-
ten verlieren.

Sobald wir das bemerken, kehren wir zu unserer Aufmerksamkeit zurück und richten sie wieder gleichzeitig auf die oben genannten Gegebenheiten.

Das alles mag uns schwieriger erscheinen, als es in
Wirklichkeit ist. Wenn wir diese Methode regelmäßig
und beharrlich praktizieren, wird sich mit der Zeit die
Quantität unserer freien Aufmerksamkeit erhöhen,
ihre Qualität wird sich verbessern und wir werden
bald den Kniff heraushaben, unsere Aufmerksamkeit

gleichzeitig und anstrengungslos auf so viele Dinge zu richten.

Die einzige Anstrengung wird es dann noch sein, uns immer wieder zurückzuholen, wenn wir uns in einer Assoziationskette, in Fantasien oder Vorstellungen verloren haben.

Wir sollten auch darauf achten, die Übung nicht zu starr oder zu krampfhaft auszuführen. Die Anweisungen sollten lediglich als richtungsweisende Empfehlungen verstanden werden. Wenn wir zum Beispiel zu sehr in den Gedanken abdriften und kurz vor dem Einschlafen sind, können wir uns ruhig mal strecken oder einige Schritte umhergehen, um uns dann wieder der gleichzeitigen Ausrichtung unserer Aufmerksamkeit zu widmen. Ebenso können wir, sollten unsere halb geschlossenen Augen anfangen zu brennen, diese auch schließen und unsere geteilte Aufmerksamkeit auf das durch die geschlossenen Lider noch einfallende Licht oder auch auf die Dunkelheit richten, usw. Es wird immer auf eine gewisse Leichtigkeit und Lockerheit ankommen.

Weil diese Übung eine der Hauptmethoden zur Bildung und Ernährung eines Sammelpunktes im leeren Raum darstellt, sollten wir uns täglich auch die notwendige Zeit dafür nehmen, um sie zu praktizieren. Und zwar so, wie wir uns täglich die notwendige Zeit nehmen, um unserem physischen Körper Nahrung und Flüssigkeit zuzuführen.

Wenn nämlich unser innerstes Sein nicht verkümmern soll, dann müssen wir es nähren und pflegen, wie wir unseren physischen Organismus nähren und pflegen.

Praktizieren wir diese Methode regelmäßig, wird sich, während wir unser gewohntes Leben weiterleben, im Hintergrund ein Gravitationsfeld im leeren Raum bilden. Auch wenn wir dieses vorerst nicht bemerken, sollte es uns nicht davon abbringen, unsere täglichen Meditationsübungen fortzuführen.

Es kann nämlich, je nach unserer Konstitution und der Intensität unseres Übens, Monate bis Jahre dauern, bis dieses Gravitationsfeld so stark geworden ist, dass es selbstständig zu agieren beginnt, dass es zu einer autonomen Einheit wird und wir bemerken, dass da etwas in uns wohnt, was unverrückbar jenseits der polarisierten Gegensätze liegt und unserer wahren Heimat, den glückseligen Gefilden unseres Urgrundes angehört.

Sobald dieses Gravitationsfeld aktiv geworden ist, wird es immer wieder unsere Aufmerksamkeit auf sich ziehen. Und wenn wir uns in körperlichen oder emotionalen und gedanklichen Aktivitäten unserer Psyche verloren haben, wird es uns daran erinnern, dass wir uns zu weit „aus dem Fenster gelehnt" und unsere Mitte verloren haben. Dann werden wir uns wieder dahin zurücksehnen und uns erneut auf den Weg machen, zum Zentrum unseres Seins.

Um zur Mitte zwischen den polarisierten Gegensätzen, dem Zentrum unseres Seins, oder während unserer Meditationsübung zur Stille zurückzukehren, nutzen wir die Kontemplation.

Kontemplation

Kontemplation bedeutet in Zusammenhang mit der Bildung eines Schwer- und Sammelpunktes des Bewusstseins im leeren Raum, die umfassende Reflexion oder Widerspiegelung eines gegebenen Augenblicks.

Es ist die direkte und unmittelbare Betrachtung dessen, was gerade in und um uns vor sich geht, aber *ohne* das Betrachtete zu *beurteilen*, zu *verurteilen* oder zu *analysieren*. Es ist reines Widerspiegeln, wie ein Spiegel eben, der auch nicht über das, was vor ihn tritt nachdenkt, urteilt oder es analysiert.

Das reine Widerspiegeln kann nur in Verbindung mit einem leeren Bewusstsein geschehen. Und diese Verbindung schaffen wir nach und nach mit der oben beschriebenen Meditationsübung, indem wir unsere Aufmerksamkeit immer wieder auf den leeren Raum zwischen den Dingen richten, sobald wir bemerken, dass wir sie verloren haben.

Meditation und Kontemplation sind zwei Seiten ein und derselben Sache. Sie gehören zusammen wie Ein- und Ausatmen. Das eine ist ohne das andere nicht möglich. Wenn wir unsere Aufmerksamkeit gleichzeitig auf unsere physischen und psychischen Aktivitäten sowie auf den leeren Raum ausrichten, dann ist es Kontemplation. Wenn wir dadurch zur Stille jenseits der polarisierten Gegensätze gelangt sind, dann ist es Meditation. Das bedeutet: Meditation ist passives Verweilen in der Stille jenseits der Gegensätze. Kontemplation ist aktive Rückführung zur Stille, wenn wir sie verloren haben.

Bildlich gesprochen gleicht wirkliche Kontemplation einem gut ausgebildeten Schäferhund, der den irregeleiteten Schafen – das heißt den Gedanken und den Emotionen – die Richtung weist und sie zurück ins Gatter treibt.

Wir nutzen die Kontemplation sowohl während unserer Meditationsübung als auch während unseres alltäglichen Lebens, wann immer wir uns daran *erinnern*. Es ist ein unmittelbarer Willensakt, ein plötzliches Innehalten, ein plötzliches Stoppen, ein plötzliches Erwachen und Schauen.

Mit einem Schlag nehmen wir unsere physische und psychische Situation in der momentanen Umgebung wahr: In was sind wir gerade verwickelt? In Gedanken? In Emotionen? In Freude? In Stolz? In Eitelkeit? In Ehrgeiz? In Überschwänglichkeit? In Sorgen? In Ängsten? In Überheblichkeit? In Gier? In Eifersucht? In Neid? In Argwohn? In Selbstbewunderung? In Selbstmitleid? In Rechtfertigungen? In vergangenen oder möglichen künftigen Ereignissen? In Träumen oder Fantasien? Und so weiter.

Wir stellen das einfach fest, ohne weiter darüber nachzudenken, zu analysieren, zu be- oder zu verurteilen oder zu rechtfertigen. Das Einzige was wir tun, ist das Betrachtete in Beziehung zum leeren Raum zu setzen. Das heißt, wir lassen das Ganze von Leere durchdrungen und umhüllt sein. Das ist wirkliche Kontemplation.

Um dies zu meistern, müssen wir uns regelmäßig in der Kunst der Kontemplation und des Stille Haltens üben. Wir müssen lernen die *Stille zu halten*, wenn wir uns im leeren Raum oder in Meditation befinden, und wir müssen lernen, zu betrachten und *zu kontemplieren*, wenn wir die Stille oder die Leere verloren haben.
Stille zu halten bedeutet in diesem Zusammenhang, uns *nicht*
mit aufkommenden Gedanken zu verbünden, damit wir uns nicht im nachfolgenden Gedankenstrom verlieren.

Wenn wir uns nämlich im leeren Raum befinden, sind wir von unseren Gedanken unterschieden. Das heißt wir sind *nicht* unsere Gedanken, aber wir können uns mit ihnen verbünden, oder wir können ihnen das Bündnis verweigern.

Verweigern wir ihnen das Bündnis, gleichgültig, wie schmeichelhaft bestimmte Gedanken auch sein mögen, dann halten wir Stille.

Verbünden wir uns mit ihnen, dann verlieren wir uns auch in ihnen. Haben wir uns in ihnen verloren, dann müssen wir kontemplieren.

Sicherlich wird uns das nicht immer gelingen. Denn oft verlieren wir uns so tief in Gedankenströmen, in Selbstgesprächen, in Emotionen und Handlungen, dass wir außerhalb der Reichweite unseres inneren Gravitationsfeldes geraten und den Verlust unserer Mitte, unserer Stille und unserer Glückseligkeit gar nicht mehr bemerken. Und solange wir diesen Verlust nicht bemerken, können wir auch nicht kontemplieren. Vielleicht gelangen wir während unsrer nächsten regelmäßigen Meditationsübung wieder in die Reichweite des inneren Gravitationsfeldes, sodass wir uns *erinnern* und den Verlust bemerken, uns wieder nach unserer glückseligen Stille sehnen und auch wieder kontemplieren können.

Manchmal finden wir uns aber auch in einem Zustand, in welchem wir zwar bemerken, dass wir in Gedanken, in Selbstgesprächen und Emotionen verwickelt sind, können uns aber, trotz aller Anstrengungen zu kontemplieren, nicht davon befreien und keinen Kontakt zum leeren Raum herstellen. Das heißt wir verspüren zwar eine Sehnsucht nach der Stille im leeren Raum, können sie aber nicht erreichen, weil wir zu stark in unseren psychischen Aktivitäten verwickelt sind. Daran sollten wir aber weder verzagen noch daran verzweifeln.

Denn das Bemerken dieser unerfüllten Sehnsucht
nach der Stille im leeren Raum ist zwar unangenehmer als das komplette Verloren Sein in Gedanken
und Emotionen – denn dann bemerken wir Garnichts – dafür ist es aber umso heilsamer. Dann können wir nämlich unsere wirkliche Situation erkennen
und verspüren, dass wir Sklaven und Untertanen unserer Gedanken, Emotionen und Handlungen sind,
dass wir keinen wirklichen Willen besitzen, wie wir
ihn uns in unserer subjektiv befangenen Welt oft er-
träumen. Im Grunde sind wir dadurch der Wirklichkeit unseres Unerfüllt Seins nähergekommen und
desillusioniert worden. Und wenn wir den daraus entstehenden inneren Schmerz betrachten und ertragen
können, dann können wir nach und nach auch wieder
kontemplieren. Wir müssen lediglich ein wenig Ge-
duld haben. Dieser innere Schmerz wird nämlich die
Sehnsucht nach der Stille im leeren Raum, nach unserem wahren Sein, nach unserem verlorenen Inneren Glück weiter anfachen und unseren Gedanken
eine Richtung geben, sodass der Kontakt zum leeren
Raum wiederhergestellt und damit auch die Kontemplation, die uns zu unserem wahren Sein zurück-
führt, wieder möglich wird.

Dann kontemplieren wir wieder, bis die ersehnte
Stille eintritt; und wir verweilen im glückseligen
Strom ...

Nachträglich sei hier noch auf eine Vorstellungsübung hingewiesen, die ebenfalls den Kontakt zum leeren Raum fördern kann.

Die Übung besteht darin, sich einen Gegenstand in der Ansicht von *allen* Seiten vorzustellen. Zum Beispiel können wir von den sechs Flächen eines Würfels gewöhnlich nur drei Flächen sehen, während die übrigen drei verdeckt bleiben. Bei dieser Übung schauen wir auf die drei sichtbaren Flächen und stellen uns den Würfel mit all seinen sechs Flächen vor. Wir können dies mit allen beliebigen Gegenständen unserer Umgebung tun. Am besten beginnt man mit einfachen Körpern wie Würfel, Quader oder Kugeln und geht dann zu komplexeren Körpern wie Häuser, Bäume, Tiere, Menschen usw. über. Man kann dies auch mit geschlossenen Augen tun, indem man sich einen beliebigen Körper vor seinem inneren Auge vorstellt. Später kann man dann noch versuchen, alle Oberflächen *aller* Körper in unserer Umgebung von allen Seiten zu visionieren, auch wenn diese dann nur ein diffuses Bild ergeben.

Denn um uns einen Körper mit all seinen Oberflächen vorstellen zu können, müssen wir in den leeren Raum, der ihn umgibt, eintreten.

Vor dem Spiegel

Bei dieser Übung sitzen oder stehen wir am besten regungslos zehn bis zwanzig Minuten vor einem Spiegel und schauen uns in die Augen. Nach einer Weile stellen wir uns vor, dass nicht wir unser Spiegelbild anschauen, sondern dass das Spiegelbild uns anschaut.

Wenn wir dann momentweise nicht mehr wissen, wer jetzt wen anschaut, können oft seltsam anmutende Empfindungen auftreten. Diese Empfindungen können zwischen angenehmer Gelöstheit, einem Gefühl der Haltlosigkeit, des Schwindels, „den Boden unter den Füßen zu verlieren", des Erschreckens, der Angst oder sogar der Todesangst usw. variieren.

Nicht selten können sich auch die Konturen unseres Gesichts so verändern und verzerren, dass wir meinen, ein Tier, ein unbekanntes Wesen oder irgendeine Fratze würde uns entgegenblicken. Vielleicht kommen wir uns aber auch einfach nur „komisch" und „albern" vor, weil wir vor einem Spiegel sitzen und uns betrachten.

Das alles sollte uns aber nicht davon abhalten, diese Übung regelmäßig oder zumindest gelegentlich zu praktizieren. Sie kann nämlich unser durch Identifikation in Selbstbildern verhaftetes und verhärtetes

Bewusstsein auflockern oder verschiebbar machen und es für die Erfahrung unseres wahren Seins im leeren Raum vorbereiten und öffnen.

Wir können diese Übung nutzen, um uns an den Zustand des Nichtwissens, *wer, was* und *wo* wir sind, zu gewöhnen. Sobald solch ein Zustand des Nichtwissens eintritt, sollten wir versuchen, so lange wie möglich darin zu verweilen. Wenn wir ihn verlieren und wieder zu wissen glauben, *wer, was* und *wo* wir sind, beginnen wir wieder von vorne – wir schauen uns in die Augen und lassen das Spiegelbild auf uns zurückschauen … usw.

Im Grunde ist es das Gleiche wie bei unserer Meditationsübung: – Kontemplation – Leere und Stille – Kontemplation … usw.

Die während dieser Spiegelübung eventuell auftretenden, manchmal auch als bedrohlich empfundenen Angst- und Schreckmomente gründen auf der Tatsache, dass sich das Bewusstsein kurzfristig von seiner geglaubten „Identität" löst und sozusagen form- und haltlos wird, wodurch wir erschrecken und sofort wieder in unsere geglaubte „Identität" zurückschlüpfen.

Aber gerade in der Form- und Haltlosigkeit des Bewusstseins – was wir auch Leere oder Stille nennen – liegen unser wahres Sein, unsere Erfüllung und die ozeanischen Gefilde der Glückseligkeit, die wir erst dann betreten können, wenn wir unsere „Identitäten", das heißt, uns selbst überwunden haben.

So gesehen sind alle hier beschriebenen Übungen auch Übungen zur Selbstüberwindung. – „Gesegnet ist, wer überwindet".

Wie wir sehen können, ist hier nicht die Rede von der allgemein verstandenen „Selbstüberwindung", die darin besteht, dass eine „Identität" innerhalb unserer Psyche eine andere „Identität" überwindet, sondern gemeint ist die Überwindung *aller* „Identitäten", sodass nur noch *reines* Bewusstsein übrigbleibt.

Hierzu noch eine kurze Zengeschichte:[20]

Die Nonne Chiyono studierte jahrelang, aber konnte keine Erleuchtung finden. Eines Abends trug sie einen alten Eimer voll mit Wasser. Während sie ging, beobachtete sie den Vollmond, der sich im Wasser des Eimers spiegelte. Plötzlich rissen die Bambusstreifen, die den Eimer zusammenhielten, und das Gefäß brach auseinander. Das Wasser schoss heraus, das Spiegelbild des Vollmonds verschwand – und Chiyono wurde erleuchtet.

---

[20] Aus: Rajneesh: Kein Wasser, kein Mond.

Sie schrieb folgendes Gedicht:

Auf diese und auf jene Art

wollte ich den Eimer

zusammenhalten,

hoffend, der schwache Bambus werde nie reißen.

Plötzlich fiel der Boden heraus.

Kein Wasser mehr – kein Mond mehr im Wasser.

Leere in meiner Hand.

Wer bin „Ich"?

Diese Frage können wir uns erst dann stellen, wenn wir bereits einige Meditationserfahrungen gesammelt haben. Denn gewöhnlich sind wir ja fest davon überzeugt, zu wissen *wer* oder *was* wir sind. Und solange wir das zu wissen glauben, werden wir uns diese Frage entweder gar nicht stellen, oder, wenn wir sie stellen, werden wir uns mit vorgefertigten, allgemeinen Antworten zufriedengeben: „Ich bin Herr oder Frau soundso", „ein Mann", „eine Frau", „ein Mensch", „mein Organismus mit meiner Psyche zusammengenommen", oder sonst Irgendetwas, mit dem wir gerade identifiziert sind.

Sicher nehmen wir im Laufe unseres Lebens verschiedene Rollen und „Identitäten" an. Aber sind diese wirklich unser wahres „Ich"? Oder sind es nur verschiedene, vorübergehende Hüllen und Masken, die wir uns in verschiedenen Situationen überstülpen, so wie wir uns beispielsweise zu verschiedenen Anlässen verschiedene Kleider anziehen?
Wir können unsere Rollen und „Identitäten" nur so lange als „Ich" bezeichnen, solange wir damit identifiziert sind. Wir sagen ja auch nicht „Ich bin mein Pullover" oder „Ich bin meine Hose" usw.

Sobald wir uns mit irgendeiner Rolle, einem Gedanken, einer Emotion oder auch mit unserem Körper identifizieren, werden diese zu unserer „Identität", zu unserem „Ich". Löst sich die Identifikation auf, werden sie zu Objekten oder zum Nicht- „Ich".

Manchmal wachsen wir im Laufe unseres Lebens aus einer eingenommenen Rolle oder „Identität" heraus, wodurch sich auch die Identifikation damit oft unbemerkt auflöst. Wenn wir dann darauf zurückblicken erscheint uns unser Verhalten in dieser früheren Rolle oder „Identität" oft als fremd, seltsam oder merkwürdig, und wir wundern uns darüber, wie es denn möglich war, so zu sein, wie wir es waren.

Dabei vergessen wir aber oft, dass wir auch in diesem jetzigen Augenblick, in welchem wir uns über eine früher eingenommene Rolle oder „Identität" wundern, mit einer anderen Rolle oder „Identität" identifiziert sind, die uns zu einem späteren Zeitpunkt, wenn wir darüber hinaus gewachsen sind, ebenso fremd erscheinen wird.

Das bedeutet auch, dass all unsere sogenannten „Identitäten" zum Objekt, oder zum Nicht- „Ich" werden können. Aber was ist dann wirklich „Ich"?

Vor diesem Hintergrund kann „Ich" nur das sein, was in all unseren wechselnden Gedanken, Emotionen, Rollen und „Identitäten" immer gleichbleibt. Und das ist das, was die Dinge erlebt, erleidet und betrachtet – nämlich unser form- und inhaltloses, reflektierendes Bewusstsein.

Weil dieses erlebende und betrachtende Etwas in uns nur Objekte aber nicht sich selbst betrachten kann – so wie das Auge, das ein Objekt betrachtet, sich selbst dabei nicht sieht – können wir die Frage, *wer* oder *was* ist „Ich", immer nur durch Negationen oder Ausschlussfragen beantworten – nämlich *wer* oder *was* ist *Nicht- „Ich"*.

Diese „*Wer* bin ‚Ich'-Übung" läuft also darauf hinaus, wann immer wir daran denken, einen Blick auf unsere momentane Situation und „Identität" zu werfen und alles was wir erleben, jeden auftauchenden Gedanken, jede auftauchende Emotion und jede eingenommene Rolle oder „Identität" als Nicht- „Ich" zu identifizieren. Das heißt, wann immer etwas in unser Bewusstsein tritt, betrachten wir es und sagen innerlich „Nicht-Ich" … „Nicht-Ich" … „Nicht-Ich" …

Mit etwas Glück können wir so auch während unseres Alltagslebens hin und wieder in einen Zustand der Leere oder unseres wahren Seins gelangen und unser Gravitationsfeld im Formlosen nähren.

Die Gegenwart des Todes

Sterben und Tod sind in jedem Augenblick unseres Daseins allgegenwärtig. Jeden Moment treten unzählige Dinge und Organismen ins Dasein. Jeden Moment finden auch unzählige Dinge und Organismen den Tod. Und eines Tages, das ist unumstößlich, sind auch wir an der Reihe! Das „Eines Tages" kann in jedem Augenblick sein. Aber gewöhnlich blenden wir diese Tatsache gekonnt aus unserem Bewusstsein aus, wodurch wir, ob gewollt oder nicht, auch die Hälfte unserer Realität ausblenden.

Wir gründen so unser gesamtes Leben, unser Denken und unser Fühlen auf Halbwahrheiten, was konsequenterweise in einem illusionären Dasein mündet, welches wir „Leben" oder auch „Realität" nennen.

Solange wir uns in solch einem selbst geschaffenen, illusionären, auf Halbwahrheiten gegründeten Dasein die Zeit vertreiben, solange wird auch unsere „Erfüllung" oder unser „Glück", eine Illusion, eine Täuschung, eine Fata Morgana am fernen Horizont bleiben und uns immer wieder aus den Händen gleiten, wenn wir glauben, es endlich gefunden zu haben.

Wenn unser Glück, unsere Erfüllung real werden soll, dann müssen wir lernen unser Dasein, unser Leben, unser Denken und unser Fühlen auf die ganze

233

Wahrheit zu gründen: Es ist *wahr*, dass wir da sind. Und es ist *wahr*, dass wir vergehen werden!

Uns die Unvermeidbarkeit unseres Todes immer wieder ins Gedächtnis zu rufen und uns klar zu machen, dass wir eine *vorübergehende* Erscheinung sind, kann uns der Wahrheit und der Realität unseres Daseins näherbringen. Aber das ist leichter gesagt als getan.

Weil wir nämlich meist in einer todesverneinenden Gesellschaft aufwachsen, wo das Sterben eines Menschen häufig in einem Krankenhaus oder Pflegeheim stattfindet und kaum noch hautnah erfahren wird, sind Sterben und Tod auch gar keine wirklichen Realitäten mehr für uns, sondern lediglich etwas, das als vager, verschwommener Gedanke ab und zu, wenn überhaupt, den äußersten Rand unseres Verstandes streift. Sterben ist so immer nur den „Anderen" vorbehalten.

Wir können zwar denken und sagen „ich weiß, dass ich sterben werde", aber es wird uns nicht sonderlich berühren, weil es nur ein Gedanke ist, der nicht bis zu unserem Fühlen, bis zu unserem Sein vordringt und somit auch keine Konsequenzen für uns hat.

Wenn das „Bewusstsein" unseres bevorstehenden Todes keine Konsequenzen für uns nach sich zieht, dann können wir sicher sein, dass dieses „Bewusstsein" lediglich in unserer Vorstellung oder in unserer

Einbildung existiert. Denn wären wir uns der Tatsache unseres bevorstehenden Todes wirklich bewusst, dann hätte es auch Konsequenzen für unsere Sichtweise der Dinge, für unser Denken, für unser Fühlen, für unser Handeln, und nicht zuletzt auch für die Qualität unseres Daseins.

Dennoch sollten uns aber darüber im Klaren sein, dass auch falsche Konsequenzen entstehen können, wenn die Tatsache der Unvermeidbarkeit unseres Todes tiefer in unser Bewusstsein vordringt.

Eine Art „Torschlusspanik", die uns dazu treibt „schnell noch mitzunehmen, was das ‚Leben' zu bieten hat", wäre solch eine falsche Konsequenz, weil es uns noch tiefer in unsre illusorische Welt verstricken würde, als wir es vielleicht vorher schon waren, und wir dadurch auch wieder das Bewusstsein der Unvermeidbarkeit unseres Todes verlieren würden. Aber auch eine gegenteilige Reaktion – wenn wir zum Beispiel aufgrund des Bewusstseins unserer Sterblichkeit in Missmut, Depression, Resignation und Lethargie fallen würden – wäre eine falsche Konsequenz. Es würde nämlich bedeuten, dass wir nicht von unserer illusorischen Welt ablassen können und zu unserem eigenen Schutz vor der Wirklichkeit in einer Art Totstellreflex verharren würden, weil wir die Unvermeidbarkeit des Todes erahnen.

Das wirkliche und tiefe Bewusstwerden unserer

Sterblichkeit wird uns zunächst erschrecken. Und es ist genau dieser Schreckmoment, der uns aus unserem hypnotischen Schlaf erwachen lassen und mit einem Schlag auf etwas Unsterbliches in uns zurückwerfen kann, nämlich auf unser formloses, inhaltloses Bewusstsein, in die Leere zwischen den Augenblicken oder den leeren Raum.

Wenn wir also durch das Bewusstwerden unserer Sterblichkeit mehr im Hier und Jetzt, mehr in der Tiefe jedes Augenblicks leben, wenn wir empfindsamer werden, wenn wir mehr Liebe und mehr Mitgefühl in unserem Herzen verspüren, wenn wir uns als formloses, unvergängliches Etwas zwischen der Erscheinungen Flucht erleben, dann sind das die richtigen Konsequenzen.

Damit die Tatsache unserer eigenen Sterblichkeit tief in unser Bewusstsein eindringen kann und nicht nur ein oberflächlicher Gedanke bleibt, müssen wir uns immer wieder und so oft wie möglich daran erinnern:

Wann immer wir in den Spiegel schauen, können wir uns klarmachen, dass da eine vorübergehende Erscheinung vor uns steht.

Während unseres Alltagslebens können wir immer wieder mal innehalten und uns erinnern, dass alles was wir sehen, denken und fühlen, einschließlich wir selbst, vergehen werden, dass all das vorübergehende Erscheinungen sind.

Wenn wir schon einmal, oder auch mehrere Male, einen Menschen haben sterben sehen, dann können wir uns abends bevor wir einschlafen das erlebte ins Gedächtnis rufen und uns vorstellen, wie es wohl sein wird, wenn wir selbst auf unserem Sterbebett liegen, heftig atmen und es nun ganz gewiss ist, dass der Moment, in dem es kein Zurück mehr gibt, gekommen ist.

Wir können uns auch, wann immer wir die Gelegenheit dazu haben, folgende Fragen stellen:

Wenn es jetzt in diesem Augenblick geschehen würde, dass wir sterben, wären wir dazu bereit? Müssten wir noch etwas erledigen? Hängen wir noch an vorübergehende Erscheinungen? Und wenn Ja: an welchen und warum ...?

In jedwedem emotionalen Zustand, ob negativ oder positiv, können wir uns fragen: Welche Bedeutung hat dieser Zustand im Angesicht des Todes?

Letztendlich sollten wir ein *dauerhaftes Bewusstsein* dessen anstreben, dass wir VORÜBERGEHENDE sind.

Selbstbeobachtung

Selbstbeobachtung, in Zusammenhang mit der Bildung eines Sammel- und Schwerpunktes im leeren Raum, bedeutet das Beobachtete vom Beobachtenden zu unterscheiden.

Das leere, inhaltlose Bewusstsein ist das Beobachtende.

Unsere „Identitäten", Rollen, Gedanken, Emotionen und Handlungen sind das Beobachtete.

Wenn aber unser ursprünglich leeres Bewusstsein mit irgendeiner unserer „Identitäten" oder eingenommenen Rolle identifiziert ist, dann erfolgt die „Selbstbeobachtung", wenn überhaupt, vom Standpunkt dieser „Identität" oder Rolle aus.

Weil aber solch eine Art der „Selbstbeobachtung" immer mit einer Beurteilung, Befürwortung, Ablehnung oder Rechtfertigung des Beobachteten verbunden ist, wird das Beobachtete verzerrt und verändert, sodass es gar keine wirkliche Selbstbeobachtung mehr ist, sondern eher zu einer Manipulation des Beobachteten wird, um unser fragwürdiges Selbstbild zu stärken, zu rechtfertigen und aufrechtzuerhalten.

Hierzu ein konkretes Beispiel:

Angenommen ein Mensch hat in seinem Berufsleben eine Führungs- oder Machtposition inne. In der Öffentlichkeit ist er ein sogenannter „Saubermann", stellt eine starke, vielleicht charismatische Persönlichkeit dar und kann sich in dieser Rolle auch keinerlei offensichtlichen „Schwächen" leisten.

Wie jeder „Saubermann" – oder auch jede „Sauberfrau" – trägt natürlich auch er eine minderentwickelte Seite in sich, die sich in einigen „Lastern" und „Schwächen" äußert. Diese „Laster" und „Schwächen" unterwandern vielleicht im Verborgenen sein Berufsleben oder treten in seinem Familien- und Privatleben zum Vorschein: Vielleicht ist er in seinem Privatleben ein sogenannter „Pantoffelheld", emotional kindisch und unreif, extrem eifersüchtig, unterwürfig oder auch herrschsüchtig, vielleicht ist er ein heimlicher Alkoholiker, spielsüchtig, gewalttätig, betrügerisch, oder neigt zu sexuellen Abarten und anderen Dingen, die sich für einen reifen, erwachsenen Menschen nicht ziemen, usw., usw. ….

Wenn er nun von seiner Berufs- „Identität" aus auf seine Privat- „Identität" blickt, wird er seine „Laster" entweder idealisieren, sie rechtfertigen, oder aber, sie bereuen und sich baldige „Besserung" versprechen, usw.

Blickt er von seiner Privat- „Identität" aus auf seine Berufs- „Identität", empfindet er vielleicht Stolz

darüber, was für ein „toller Kerl" er ist, zu was er es
alles gebracht hat, oder wie viel Achtung und Respekt
ihm entgegengebracht werden usw. Aber das ist keine
wirkliche Selbstbeobachtung. Wirkliche Selbstbeobachtung wird in spirituellen Lehren auch als
„Zeuge sein" bezeichnet.

Als Osho einmal gefragt wurde, was der Unterschied
zwischen Beobachten und „Zeuge sein" ist, antwor-
tete er: „Wenn du fernsiehst, ist das beobachten;
wenn du dich selbst beim Fernsehen beobachtest,
dann ist es Zeuge sein."

In unserem oben genannten Beispiel würde wirkliche
Selbstbeobachtung oder „Zeuge sein", bedeuten: zu
beobachten, wie die eine „Identität" die andere betrachtet und beurteilt. Das heißt, wir stehen außerhalb unserer „Identitäten" und betrachten diese ohne
sie zu beurteilen.

Wir sollten in unserem alltäglichen Leben so oft wie
möglich „Zeuge sein". Mit der Zeit können wir dann
beobachten, wie wir manchmal in Assoziationsmustern
von Gedanken und Gefühlen dahintreiben, und *ver-*
spüren, wie wir davon eingenebelt in einer Art Schlafzustand unser Dasein verbringen. Wir werden nach
und nach sehen können, wie sich unsere „Identitäten" und Rollen gegenseitig beurteilen, verurteilen o-
der rechtfertigen, wie sie denken und fühlen und wie

sie Handlungen ausführen usw. Aber wir werden nicht mehr unsere Gedanken, unsere Emotionen, unsere „Identitäten" oder Rollen sein. Wir werden einen Standpunkt im leeren Raum erworben haben. Wir werden uns selbst als beobachtender, unparteilicher Faktor gegenüberstehen. Unser physischer Organismus, Gedanken, Emotionen, Rollen und „Identitäten" werden zu Objekten, und wir selbst werden zu dem, was wir wirklich sind – nämlich reines, ungetrübtes Schauen.

Schweigen

Wenn wir genauer hinsehen und betrachten, worüber und warum wir mit anderen Menschen reden, dann können wir sehen, dass das meiste davon unnötig ist und entweder aus sinnlosem Geplapper, aus Beurteilungen und Verurteilungen anderer, oder aus Selbstdarstellungen besteht. Wir heben uns hervor, indem wir über dieses oder jenes unsre Meinung kundtun oder auch ausschweifend erzählen, was wir alles erlebt haben, was wir noch vorhaben, wie „gut" oder wie „schlecht" es uns geht, wie „gut" oder „schlecht" die anderen sind usw.

Natürlich fragen wir auch mal nach, wie es unserem Gegenüber geht und was er oder sie so macht und noch vorhat usw. Aber, „Hand aufs Herz", tun wir das, weil es uns wirklich interessiert, oder aus Liebe zu ihm, oder tun wir es aus Selbstliebe, um mit ihm ins Gespräch zu kommen und endlich mit unserer eigenen Geschichte loslegen zu können.

Wenn wir uns fragen, warum wir so sehr bemüht sind, uns ständig mitzuteilen, dann gibt es darauf nur eine Antwort, die lautet: weil wir nicht wirklich sind! Wenn wir nämlich *wirklich* wären, wenn wir wirkliches *Sein* erlangt hätten, welchen Grund gäbe es denn dann, uns ständig mitteilen und unterhalten zu müssen?

Wir können den Begriff „Unterhaltung" auch so verstehen, dass wir mit unseren Unterhaltungen uns
selbst etwas *unter-halten*, dass wir uns gegenseitig Unterhalt und Halt gewähren, um unser falsches Selbstbild aufrechtzuerhalten und zu nähren, um nicht in
die gähnende Leere unseres Nichtseins zu fallen.
Aber es sind gerade diese Leere und dieses Nichtsein,
denen wir uns stellen müssen, denen wir uns auslie-
fern müssen, in die wir uns hineinwerfen müssen, um
wirkliches Sein zu erlangen, um zu werden, was wir
wirklich sind.

Wenn wir uns im Schweigen üben und wirklich nur
das notwendigste sprechen, dann hat das den folgenden Effekt:

Zum einen wird der schon automatisierte Impuls, uns
ständig mitteilen zu müssen, gestoppt und entauto-
matisiert, und zum anderen wird eine große Menge
an Energie frei, die wir durch sinnloses Geplapper
nach außen verschwenden würden.

Die dadurch frei gewordene und eingesparte Energie
kann dann unserer inneren Arbeit zugutekommen.
Wenn nämlich unser Schweigen bewusst und absichtlich geschieht, und wir gleichzeitig einen Teil unserer Aufmerksamkeit auf den leeren Raum richten,
dann wird sich eben diese Energie dort im formlosen
Bewusstsein sammeln, um einen Schwerpunkt zu

bilden oder einen schon vorhandenen Schwerpunkt
zu nähren.

Sobald wir eine gewisse Übung im äußeren Schweigen erlangt haben, können wir uns auch dem inneren
Schweigen zuwenden und uns darin üben.

Das bedeutet dann, nicht nur auf sinnloses Geplapper mit anderen Menschen zu verzichten, sondern
nach Möglichkeit und wann immer wir es können,
auch mit unseren sinnlosen inneren Selbstgesprächen
aufzuhören.

Unsere inneren Selbstgespräche stellen sozusagen
das größte Leck dar, durch das wir Kraft und Energie, die zur Bildung eines inneren Schwerpunktes
notwendig sind, verlieren.

Mit den inneren Selbstgesprächen aufzuhören gestal-
tet sich schwieriger als auf äußeres Reden zu verzichten, weil es hier unsere „Identitäten" und die im
Laufe unseres Lebens erworbenen Assoziationsmuster sind, welche die Dinge mechanisch und ohne unser Zutun gedanklich einordnen, abwägen, erwägen,
befürworten oder ablehnen.

Innere Selbstgespräche sind eine natürliche Funktion
unseres Verstandes und sind, ob wir es bemerken o-
der nicht, immer im Gange. Deshalb können wir sie
auch immer nur kurzfristig, solange wir unsere

Aufmerksamkeit darauf fokussieren, stoppen. Sobald wir unsere Aufmerksamkeit wieder einer anderen Sache zuwenden, gehen die inneren Selbstgespräche und Assoziationen wie gewohnt weiter.

Aber, nichtsdestotrotz, selbst wenn wir es täglich mehrere Male für einige Augenblicke oder auch einige Minuten schaffen, den inneren Gedankenstrom zu stoppen, erhält unser sich bildender Schwerpunkt im leeren Raum einen großen Zustrom an Kraft und Energie.

Um mit den inneren Selbstgesprächen aufzuhören, müssen wir, wann immer wir uns während unseres alltäglichen Lebens an unser Vorhaben erinnern, unsere Aufmerksamkeit auf den ständigen Gedankenstrom in unserem Kopf richten. Allein wenn wir das tun, kommt es für einen Moment zu einem „Stopp" des Gedankenstroms. Dann müssen wir versuchen diesen „Stopp" so lange wie möglich aufrechtzuerhalten, indem wir unsere Aufmerksamkeit in diesem „Stopp", in dieser entstandenen Lücke zwischen den Gedanken halten. Dies mag uns anfänglich vielleicht nur für ein oder zwei Augenblicke gelingen, aber „Übung macht den Meister".

Wenn wir unbeobachtet sind, können wir ruhig auch mal alles – das heißt unsere Gedanken, unsere Bewegungen und unseren Atem – ganz plötzlich zu einem „Stopp" kommen lassen.

Oder, wenn wir während unseres Alltags einige Minuten Zeit finden, können wir uns auch mal hinsetzen und versuchen den Strom der Gedanken für ein bis zwei Minuten oder auch länger zu stoppen.

Weil unser Gedankenstrom eng mit unserem Sprachzentrum, und dieses wiederum mit unserer Zunge verbunden ist, kann es für das Praktizieren des inneren Schweigens auch hilfreich sein, die Aufmerksamkeit auf das Innere der Zunge zu richten und diese vollkommen stillzuhalten, wobei die Zungenspitze leicht am Gaumen anliegen sollte. – Viel Glück dabei!

Der Einstrom von Sinnesreizen

Jeden Augenblick strömt eine überwältigende Anzahl von Sinnesreizen auf uns ein, von denen wir aber – je nachdem inwieweit wir uns gerade in einer Handlung oder unserem unaufhörlichen Gedankenstrom verloren haben – nur wenige oder auch gar keine bewusst erleben.

Um die hier beschriebene Übung des bewussten Einströmen Lassens von Sinnesreizen in ihrem Wirkmechanismus zu verstehen, müssen wir uns im Klaren darüber sein, dass alle Sinnesreize oder alle Eindrücke in sich aus mehreren Reizen und den dadurch ausgelösten gedanklichen und emotionalen Assoziationsmustern bestehen und einen Einstrom von Energie in unseren Organismus bedeuten.

Wenn wir einen Sinnesreiz oder einen Eindruck *bewusst* wahrnehmen ohne gleich mit einem Denkprozess, mit einer Emotion, oder mit einer Handlung darauf zu reagieren, dann strömt diese Energie direkt in unser Bewusstsein und kann den sich bildenden inneren Schwerpunkt im leeren Raum nähren.

Reagieren wir hingegen auf einen Sinnesreiz oder Eindruck mit einem Denkprozess, mit einer Emotion, oder mit einer Handlung, dann wird die einströmende Energie sofort von den Gedanken, den

Emotionen oder den Handlungen aufgesogen und
strömt wieder nach außen, wodurch sie für uns auf
nimmer Wiedersehen verlorengeht. Sie versickert
sozusagen „im Sande".

Wir können uns also diese durch Sinnesreize und
Eindrücke einströmende Energie zu Nutze machen,
indem wir uns darin üben, taktile, akustische und visuelle Sinnesreize in einem gegebenen Moment
gleichzeitig einströmen zu lassen und wahrzunehmen, ohne darauf zu reagieren.

Dazu müssen wir immer wieder für einen oder mehrere Augenblicke unsere Aufmerksamkeit aktiv auf
das richten, was in einem gegebenen Moment über all
unsere Sinne auf uns einströmt, während der Rest
von uns, das heißt unser Denken, Fühlen und Handeln vollkommen passiv bleiben.

So nähren und pflegen wir unseren inneren Sammelpunkt im leeren Raum – den „Embryo des Tao", wie
die Taoisten diesen Sammelpunkt nennen.

Die „Zügel" spannen

Ebenso wie unsere inneren Selbstgespräche ein Leck für unsere Kraft und Energie darstellen, so stellen auch unsere Emotionen ein solches Leck dar, wenn sie sich nach außen richten und zum Ausdruck kommen.

Durch die inneren Selbstgespräche sickern ständig und unaufhörlich kleine Mengen an Kraft und Energie aus uns heraus.

Wenn eine Emotion zum Ausdruck kommt und sich nach außen ergießt, verlieren wir hingegen oft mit einem Schlag eine große Menge an Kraft und Energie, welche unserem inneren Sammelpunkt zugutekommen könnten.

Weil durch innere Selbstgespräche Kraft und Energie nur nach und nach heraussickern, geschieht das für uns meist unbemerkt. Bricht hingegen eine Emotion nach außen durch, dann werden besonders bei negativen Emotionen Kraft und Energie meist explosionsartig aus uns herausgeschleudert, sodass es manchmal Stunden bis Tage dauern kann, bis unser energetischer Zustand wieder ins Gleichgewicht gekommen ist. Wir sollten deshalb in der Lage sein, unsere nach Ausdruck strebenden Emotionen bis zu einem gewissen Maß zu zügeln.

Wir brauchen nicht auf alles, was eine Emotion in uns hervorruft, zu reagieren, und wir müssen auch nicht jede in uns aufsteigende Emotion zum Ausdruck bringen. Weil aufsteigende Emotionen aber schneller als unser Verstand und unser Denken sind, bemerken wir sie oft erst dann, wenn sie schon an der Schwelle des Ausdrucks stehen, oder erst dann, wenn sie schon zum Ausdruck gekommen sind.

Wir müssen sie also noch an der Ausdrucksschwelle, oder besser noch vorher, beim Beginn ihres Aufkeimens erwischen, wenn wir ihren Ausdruck verhindern wollen. Und das können wir nur dann, wenn wir uns in einem Zustand der aufmerksamen Wachsamkeit befinden. Ein Zustand, der sich durch regelmäßige Kontemplations- und Meditationsübungen immer öfter bei uns einstellen wird.

Weil aufkeimende Emotionen große Mengen an Energie in sich bergen, können wir sie auch nicht direkt, sondern nur indirekt an ihrem Ausdruck hindern. Und zwar: indem wir Einfluss auf die Ausdruckskanäle der Emotionen nehmen – das heißt auf unsere Gedanken und unseren Körper. Das bedeutet: Jede Emotion kann ihren Ausdruck nur über zwei Kanäle finden, nämlich über das Denken und über körperliche Aktivitäten, wie Sprechen, Schreien, Handeln und Agitiertheit. Und auf diese Kanäle können wir willentlich Einfluss nehmen.

Wir brauchen auch nicht alle Emotionen an ihrem Ausdruck zu hindern. Unser Ziel sollte es aber sein, bewusst entscheiden zu können, ob wir einer Emotion ihren Ausdruck erlauben oder nicht.

Besonderes Augenmerk sollten wir auf negative Emotionen wie Argwohn, Missgunst, Eifersucht, Rachsucht, Hass, Neid, Ehrgeiz, Gier, Rechthaberei, Ärger und Wut oder Ähnliches richten.

Dabei sollten wir aber auch in Betracht ziehen, dass viele unserer sogenannten „positiven" Emotionen wie „Freude", „Liebe" „Glück" usw. ebenso als negativ einzustufen sind, wenn sie aus der Befriedigung von negativen Emotionen hervorgehen – wie beispielsweise das empfundene „Glück", das auf der Befriedigung von Gier, Hass oder Rachsucht usw. beruht. Wir sollten deshalb auch auf solche Emotionen, die wir im Allgemeinen als „positiv" bewerten, unser besonderes Augenmerk richten.

Wenn wir nämlich genauer hinsehen, dann können wir erkennen, dass sich hinter unseren sogenannten „positiven" Emotionen meist eine negative emotionale Grundursache verbirgt, dass sich hinter unserem „Glück", unserer „Freude", unserer „Begeisterung", und auch hinter unserer sogenannten „Liebe" usw., negative Emotionen vor unseren Augen verbergen. Und wenn wir aufrichtig sind, dann werden wir zugeben müssen, dass von unseren wirklich positiven Emotionen nur sehr wenige oder auch gar keine übrigbleiben, dass unser „Glück" oft auf dem Unglück anderer beruht, und dass neben einem „Gewinner" immer auch ein „Verlierer" steht.

Echte positive Emotionen können im Grunde nur aus unbegründetem, bedingungslosem Überfluss an innerem Glück aus dem leeren Bewusstsein, aus unserem wahren Sein entstehen.

Wir müssen lernen uns von innen anzuschauen, um zu sehen, *was* da in uns aufkeimt und woher es kommt.

Sobald wir eine Emotion bei ihrem Aufkeimen bemerken, genügt es oft schon unsere Aufmerksamkeit auf unsere Gedanken zu richten, wodurch es zu einem kurzfristigen „Stopp" im Gedankenfluss kommt und wir entscheiden können, ob wir dem Gedankenfluss weiter folgen wollen oder nicht.

Folgen wir dem Gedankenfluss nicht, kann sich auch die Emotion nicht weiter ausbreiten und daher auch nicht zum Ausdruck kommen. Dabei wird die emotionale Energie frei, sodass eine innere Spannung entsteht. Damit die in dieser inneren Spannung verborgene Energie nun auch den richtigen Weg zu unserem Sammelpunkt findet, müssen wir unsere

Aufmerksamkeit jetzt noch auf den leeren Raum richten. Tun wir das nicht, müssen wir nämlich damit rechnen, dass sich die frei gewordene emotionale Energie andere Kanäle sucht und sich in unliebsamen Symptomen wie Nervosität, Gereiztheit, Ungehaltenheit, sarkastischen Redensarten, muskulären Verspannungen bis hin zu Spannungskopfschmerzen, oder auch in neurotischen Verhaltensweisen äußert.

Bemerken wir eine Emotion aber erst dann, wenn sie die Schwelle ihres Ausdrucks bereits erreicht hat, ist der damit verbundene Denkprozess bereits abgeschlossen und wir können ihren Ausdruck nur noch dadurch verhindern, indem wir unsere Aufmerksamkeit auf unseren Körper richten, die Muskulatur entspannen, ruhig und gleichmäßig atmen, und unsere Zunge stillhalten. Die sich dadurch aufbauende innere Spannung und Energie kanalisieren wir dann wieder in Richtung leeren Raum, indem wir einen Teil unserer Aufmerksamkeit vom Körper abziehen und auf den leeren Raum richten. Beginnt die Emotion wieder von Neuem aufzukeimen. Dann beginnen wir wieder mit der Ausrichtung unserer Aufmerksamkeit auf unsere Gedanken usw.

Mit etwas Übung können wir, um den Ausdruck einer Emotion zu verhindern und die frei gewordene Energie in den leeren Raum zu lenken, unsere Aufmerksamkeit auch dreifach ausrichten, was natürlich noch effizienter als die beschriebene zweifache Ausrichtung ist.

Dabei richten wir unsere Aufmerksamkeit gleichzeitig auf unseren Körper, auf unsere Gedanken und auf den leeren Raum, sobald wir bemerken, dass eine Emotion nach Ausdruck drängt.

Der Kontakt zur Leere

Ausschließlich alle wirklichen und effizienten Methoden zur Erzeugung meditativer Zustände haben mit dem Kontakt zum leeren Raum zu tun.

Aber wir müssen verstehen, dass der leere Raum in diesem Zusammenhang nicht etwas Lebloses, Totes und wirklich Leeres bezeichnet. Er ist nur in Bezug auf verdichteter Materie oder geformtem Bewusstsein leer. Es ist der Raum zwischen den Dingen.

Wenn wir die Leere, von der wir hier sprechen, erst einmal erfahren haben und auch nur ein einziges Mal tief in die Leere unseres wahren Seins eingetaucht sind, dann werden wir wissen, dass sie mehr Substanz besitzt als alles andere, was wir kennen. Unsere gewohnte Alltags- „Realität" wird uns dann im Vergleich dazu eher unwirklich oder traumähnlich vorkommen. Leerer Raum ist nämlich das „Gefäß", welches die gesamte Existenz enthält. Leere ist das Formlose, das alle Form in sich enthält und durchdringt.

Weil aber unser Verstand nur Formen, Bilder und Begrifflichkeiten verstehen oder begreifen kann, erscheint ihm das Unbegreifliche, das Formlose und Unvorstellbare zu Recht als „bedrohliche" Leere oder als Abgrund, denn sie alle bedeuten den Tod für ihn. Ebenso wie das Formlose für unsere „Identitäten" oder für unser „Ich" den Tod bedeutet. Schließlich bildet die Form ja die Grundlage für die Existenz unserer „Identitäten"; denn ohne Form gibt es keine „Identität" und auch kein „Ich".

Wenn wir den leeren Raum oder den Kontakt zur Leere nicht in unsere Methoden zur Sammlung des Bewusstseins mit einbeziehen, können wir uns nicht über die Welt der Formen, die Welt der „Identitäten", die Welt der „Ichs" und die Welt der Illusionen hinausbewegen und treten mehr oder weniger auf der Stelle, während wir vielleicht von einem Fortschritt in der Effizienz und Anwendung unserer Meditations- und Kontemplationsmethoden träumen.

Vielleicht versuchen wir aber auch durch „Meditation" und „Kontemplation" nur „gesünder", „erfolgreicher" und „leistungsfähiger" in unserem alltäglichen Leben zu werden. Aber solche Ambitionen sind in spiritueller Hinsicht falsche Intensionen und gehen am wahren Sinn und Zweck von Meditation oder Kontemplation vorbei.

Wenn uns unsere Meditation nicht über die Welt der Formen, der „Identitäten", der „Ichs" und unseres Verstandes hinaus in die Leere führt, dann kann es alles andere sein, aber keine Meditation.

Unser Ziel sollte es daher sein, während unseres All-tagslebens stets einen Kontakt zum leeren Raum auf-rechtzuerhalten; und wenn wir den Kontakt verlie-ren, ihn immer wieder herzustellen. Wir sollten dies so lange tun – auch wenn es ein Leben lang dauert – bis für uns die Leere immer und überall im Hinter-grund unseres Lebens gegenwärtig ist und uns von sich aus an ihr Dasein erinnert.

Im Grunde ist der leere Raum ja auch immer da und wir, das heißt unser Körper, unsere Psyche und unser gesamtes Leben sind darin eingebettet und davon durchdrungen. Der leere Raum ist auch das, was alles mit allem verbindet; nur wir bemerken es nicht, und wenn wir es doch einmal bemerken vergessen wir es alsbald wieder.

Wir müssen uns also immer wieder und so oft wie möglich daran erinnern:

Wenn wir krank sind – Leere umgibt uns, Leere durchdringt uns; wenn wir Schmerzen haben – Leere umgibt uns, Leere durchdringt uns; wenn wir traurig sind – Leere umgibt uns, Leere durchdringt uns; wenn wir uns ärgern – Leere umgibt uns, Leere durchdringt uns; wenn wir hassen – Leere umgibt uns, Leere durchdringt uns; wenn wir lieben – Leere umgibt uns, Leere durchdringt uns; wenn wir uns freuen – Leere umgibt uns, Leere durchdringt uns;

wenn wir Sex haben – Leere umgibt uns, Leere
durchdringt uns; wenn wir sterben – Leere umgibt
uns, Leere durchdringt uns; was immer wir tun, wo
immer wir sind, was immer geschieht – Leere umgibt
uns, Leere durchdringt uns!

In welchem Zustand, in welcher Umgebung, in welcher Situation wir uns auch befinden mögen, wir können ALLES dem leeren Raum gegenüberstellen. Es
wird uns befreien.

Dies mag uns anfänglich als rein imaginär erscheinen,
aber im Laufe der Zeit wird es zur unumstößlichen
Wirklichkeit; denn nicht der leere Raum wird sich
verändert haben, sondern wir werden der Wirklichkeit nähergekommen sein. Die Leere wird immer und
überall allem anderen gegenüberstehen. Leere ist die
einzige permanente Wirklichkeit.

Schusswort

Am Ende dieses Buches angelangt, sei der Leser noch darauf hingewiesen, jeder Versuchung zu widerstehen, gewonnene Erkenntnisse zu dogmatisieren. Denn schließlich stellt jede Erkenntnis eine „Wahrheit" dar, die von einem bestimmten Standpunkt aus erkannt wurde, aber von einem anderen Standpunkt aus gesehen, eine ganz andere „Wahrheit" sein kann. Gewonnene Erkenntnisse sollten lediglich dazu dienen, uns unserem wahren Wesen und Sein näherzubringen, welche in ihrer Gesamtheit von *keinem* bestimmten Standpunkt aus verstanden oder erkannt werden können. Es wird immer ein „Unter dessen" und ein „Darüber hinaus" geben.

Hierrüber mag der Leser nachsinnen, bis alles Sinnen versiegt.

!

NUR

…SINN & STILLE…

BLEIBEN

!!!

**

Literaturverzeichnis

Evans-Wentz, Walter Y.; Göpfert-March, Louise: Das tibetanische Totenbuch oder Die Nach-Tod-Erfahrung auf der Bardo-Stufe. Mannheim: Artemis & Winkler Verlag, 2003.

Gurdjieff, Georg Iwanowitsch: Beelzebubs Erzählungen für seinen Enkel : eine objektiv unparteiische Kritik des Lebens der Menschen. Basel: Sphinx, 1987.

Gurdjieff, Georg Iwanowitsch: Das Leben ist nur dann wirklich, wenn "ich bin". 2. Aufl. Basel: Sphinx, 1987.

Hongzhi, Li: Zhuan Falun (Deutsche Version) - Ausgabe 2012-2. : GoodSpirit Verlag, 2015.

Nicoll, Maurice: Living Time. : Eureka, 2000.

Nicoll, Maurice: Psychological Commentaries on the Teaching of Gurdjieff and Ouspensky. New edition. Boston, Mass. [u.a.]: Weiser Books, 1996.

Nietzsche, Friedrich: Also sprach Zarathustra. 4. Aufl.. Frankfurt am Main: Fischer Taschenbuch, 2008.

Osho, Osho: Das Zen-Manifest: Freiheit von sich selbst. Obergriesbach: Inwelt Verlag, 1990.

Osho, Osho: The Fish in the Sea is Not Thirsty. New Delhi: Wisdom Tree, 2008.

Ouspensky, Peter D.: Auf der Suche nach dem Wunderbaren: Perspektiven der Welterfahrung und der Selbsterkenntnis. 12. Aufl.. Berlin: Barth, 1993.

Ouspensky, Peter D.: Psychologie der möglichen Evolution des Menschen. 6. Auflage.. Bad Oldesloe: Neue Erde GmbH, 2008.

Ouspensky, Petr D.: Tertium organum: der dritte Kanon des Denkens: ein Schlüssel zu den Rätseln der Welt.: O. W. Barth [im] Scherz-Verlag, 1988.

Salzmann, Jeanne de: The Reality of Being. 1. Aufl.. : Shambhala Publications, 2011.

Schröter, Jens/Bethge, Hans-Gebhard: Das Evangelium nach Thomas (NHCII,2)
http://www-theol.uni-graz.at/~heil/lvws0506/evth.pdf

Ware, Kallistos; Palmer, G.E.H.; Sherrard, Philip; Ware, Kallistos Timothy: The Philokalia. New Ed. Leipzig: Faber & Faber, 2011.

Wilhelm, Richard; Jung, Carl Gustav; Wilhelm, Richard: Geheimnis der goldenen Blüte: das Buch von Bewusstsein und Leben. Kreuzlingen, München: H. Hugendubel, 2005.